Drei „Adeptus Exemptus"-Rituale

Die Einweihungs-Zeremonie
in der Sephirah Chesed

Kontakt: www.HarryEilenstein.de
Harry.Eilenstein@web.de
Harry Eilenstein bei youtube

Herstellung und Verlag: BoD – Books on Demand, Norderstedt

ISBN: 9783756221349

Inhaltsverzeichnis

I Der Adeptus Exemptus

In dem Grad-System des „Golden Dawn"-Ordens entspricht der Adeptus Exemptus, also der „außerordentliche Magier", der Sephirah Chesed auf dem kabbalistischen Lebensbaum.

Während die „Golden Dawn"-Einweihungsrituale für den Novizen und für die Sephiroth Malkuth, Yesod, Hod, Netzach und Tiphareth von Israel Regardie veröffentlicht worden sind, sind die beiden Rituale für den Adeptus Major (Geburah) und den Adeptus Exemptus (Chesed) bislang nur schwer zugänglich gewesen. Es ist nicht vollkommen sicher, daß das in diesem Buch übersetzte Ritual für den Adeptus Exemptus tatsächlich aus dem Golden Dawn stammt, aber da sein Aufbau und sein Stil gut mit den bekannten Einweihungsritualen des Golden Dawn übereinstimmen, haben sie doch mit ausreichender Sicherheit ihren Ursprung in diesem Orden. Dieses Ritual wird in einem der folgenden Kapitel ins Deutschen übersetzt.

Das zweite allgemein zugängliche Einweihungsritual für den Adeptus Exemptus stammt von den Rosenkreuzern. Auch von diesem Ritual findet sich die deutsche Übersetzung in einem der folgenden Kapitel.

Das dritte Ritual ist von mir selber verfaßt worden und beruht auf meinen eigenen Erforschungen des Lebensbaumes und meinen Erfahrungen mit Chesed – also mit Meditationen, Traumreisen, Lebensbaum-Forschungen und ähnlichem.

- - -

Das lateinische Verb „adipiscor" bedeutet „erlangen, durch Anstrengung erlangen, erreichen, erringen". Das davon abgeleitete Substantiv „Adeptus" bedeutet daher „Erhalt, Erlangung, Errungenschaft" und bezeichnet auch eine Person, die etwas mit Mühe errungen hat, also einen „Fortgeschrittenen". Ein Adept ist daher auch ein Magier mit fortgeschrittenen Kenntnissen. Im „Golden Dawn"-Orden und in den später gegründeten Orden, die sich auf ihn beziehen, sind die Adepten die Magier, die zu dem inneren Orden gehören.

Das Grad-System, zu dem auch der „Adeptus Exemptus", also der „außergewöhnliche Adept", gehört, leitet sich von dem kabbalistischen Lebensbaum her und ist wie folgt aufgebaut:

		Das Grad-System			
Sephiroth, Übergänge	**Planet**	**Grad**		**Bereich**	
		Name	*Zahl*	*Welt*	*Orden*
Kether	Pluto	Ipsissimus	10°=1°	Gott	„Lenkender Orden" = „Dritter Orden" = **„Orden des Silbernen Sternes"**
erste Ursache	-	-	-	-	
Chokmah	Neptun	Magus	9°=2°	Gottheiten	
Binah	Uranus	Magister Templi	8°=3°		
Da'ath	Saturn	Infans Abyssi	-		
Abgrund	-	-	-	-	
Chesed	Jupiter	Adeptus Exemptus	7°=4°	Seele	„Innerer Orden" = „Zweiter Orden" = **„Orden der Roten Rose und des Gold-Kreuzes"**
Geburah	Mars	Adeptus Major	6°=5°		
Tiphareth	Sonne	Adeptus Minor	5°=6°		
Graben	-	Portal Grad	-	-	
Netzach	Venus	Philosophus	4°=7°	Psyche	„Äußerer Orden" = „Erster Orden" = **„Orden der goldenen Morgendämmerung"**
Hod	Merkur	Practicus	3°=8°		
Yesod	Mond	Theoricus	2°=9°		
Schwelle	-	-	-	-	
Malkuth	Erde	Zelator	1°=10°	Körper	
-	-	Neophyt	0°=0°	-	Anwärter

Der Grad des Adeptus Exemptus entspricht der Sephirah Chesed und dem Planeten Jupiter und bezieht sich auf einen Teil des Bereiches der Seele. Der Seelen-Bereich wird insgesamt durch den Inneren Orden verkörpert.

Das dazugehörige Ritual, also das „Adeptus Exemptus"-Ritual, ist die Weihung, die Ermächtigung und die Zulassung eines Adeptus Major, also eines Magiers der vorhergehenden Stufe (Geburah), zu diesem Grad innerhalb des Ordens (Chesed). Dieses Ritual ist das Thema dieses Buches.

- - -

Die Anmerkungen in [eckigen Klammern] in den Übersetzungen stammen von mir.

II Das „Adeptus Exemptus"-Ritual des Golden Dawn

A Der Aufbau des Tempels

Der Aufbau des Tempels und das Gewölbe (englisch: „vault") wird in dem Ritual selber nirgendwo vollständig beschrieben, aber in dem Buch „The Golden Dawn" von Israel Regardie wird beides in dem „Adeptus Minor"-Ritual sowie in den daran anschließenden Erläuterungen ausführlich und mit vielen Details dargestellt.

In Regardies Buch „The Golden Dawn" findet sich auch das Ritual für die Weihung des Gewölbes. Das Bild unten ist der Aufbau des Tempels im Adeptus Minor Ritual.

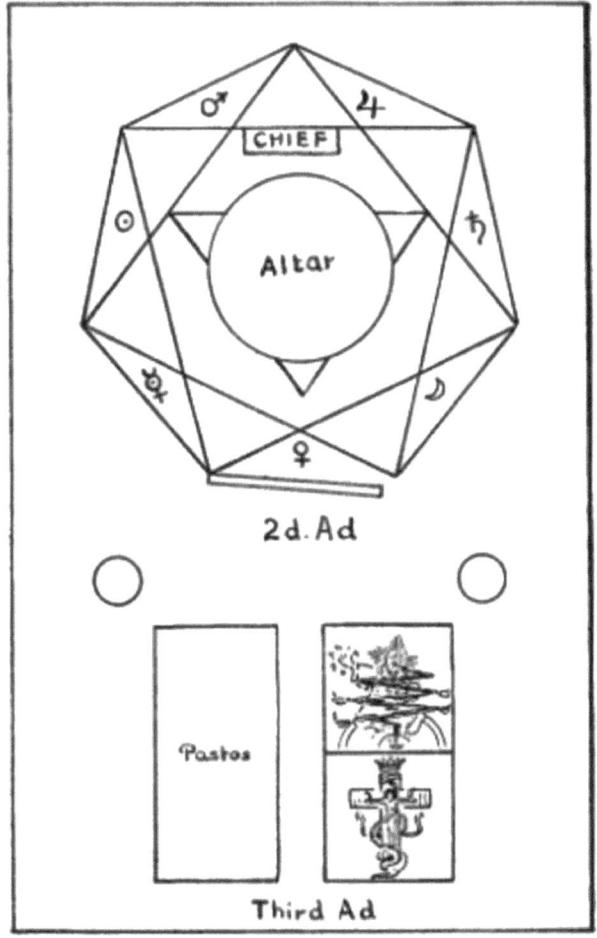

Der Osten ist auf der Skizze oben.

Der siebeneckige Raum ist das Gewölbe.

Das Gewölbe steht also im Osten.

Der Altar im Gewölbe [der manchmal auch vor dem Gewölbe steht] ist weiß-golden.

Der (tragbare) Sarkophag („pastos") wird in dem Ritual in das Gewölbe gestellt.

Wenn der Sarkophag im Gewölbe steht, ist das Kopfende in diesem Ritual links, d.h. im Norden.

Der linke kleine Kreis (Norden) stellt die Säule des Wassers (Binah) dar, der rechte (Süden) die Säule des Feuers (Chokmah).

Auf dem Boden in der Mitte des Tempels liegt ein Stück smaragdgrüner Stoff.

Der Nebenaltar mit den Tarotkarten steht vermutlich an der unteren, westlichen Wand des Tempels.

Der Eingang zum Tempel befindet sich wahrscheinlich im Westen (auf der Skizze unten).

„Chief" ist der Haupt-Adept.

„2d. Ad" ist der Zweite Adept.

„Third Ad" ist der Dritte Adept.

Dieser Aufbau wird im Adeptus Exemptus Ritual leicht abgewandelt – das Gewölbe („vault") ist jedoch für die drei Einweihungsrituale im Seelenbereich (Tiphareth, Geburah, Chesed), also für die drei Grade Adeptus Minor, Adeptus Major und Adeptus Exemptus, immer das wesentliche Element. Das liegt daran, daß das Gewölbe das Grab symbolisiert und daß man die eigene Seele durch eine Jenseitsreise kennenlernt. Das ist letztlich das Ziel der drei Adeptus-Rituale.

In dem Ritual des Golden Dawn finden sich die folgenden Hinweise auf den Aufbau des Tempels:

- Der Vorraum ist mit rotem Stoff ausgeschlagen (Symbol für Geburah). Der Bittsteller (Adeptus Major), der bisher bis nach Geburah gelangt ist, steht zu Beginn des Rituals im Vorraum.

- Innen neben dem Eingang zum Tempel liegen ein braunes Gewand, ein Paar Sandalen und ein Pilgerstab.

- In dem Tempel befindet sich eine Glocke.

- Das Tor wird durch die Djed/Wasser-Säule im Norden (links) und die Ankh/Feuer-Säule im Süden (rechts) gebildet. Auf der Wasser-Säule steht eine Schale mit Wasser; ein Arm an ihr hält einen Kelch mit Wein. Auf der Feuer-Säule steht vermutlich ein Gefäß mit brennendem Räucherwerk; ein Arm an ihr hält ein Räuchergefäß. Das Tor ist in sandfarbenen Stoff gehüllt.

- Auf der Tempelseite des Tores steht ein Lichtkreuz, das aus sechs quadratischen Brettern o.ä. zusammengesetzt ist. Am Südarm des Kreuzes (rechts) befindet sich das Ankh. Am Nordarm des Kreuzes (links) befindet sich das Djed. Am Westarm des Kreuzes (zum Tempeltor hin) steht ein mit Salz gefüllter dreibeiniger Kessel.

- Die einzige Tarot-Karte, die als gemalte Karte verwendet wird, ist das Schicksalsrad (diese Angabe stimmt nicht mit dem Ritual überein, da dort ein aus Holz o.ä. gebautes Schicksalsrad verwendet wird). Der Einsiedler wird durch den Bittsteller repräsentiert und die Stärke wird durch Shekinah neben dem Löwen.

- Es liegen vier Kordeln bereit: eine bernsteinfarbe, eine violette, eine schwarze und eine silberne.

- Innen im Tempel steht ein großes, drehbares Schicksalsrad auf einem Ständer sowie eine lebensgroße Löwen-Statue oder ein ausgestopfter Löwe.

- Das Gewölbe in dem Tempel ist blau, hat eine quadratische Grundfläche, einen violettem Boden, und ist mit einem grauen Schleier bedeckt. Auf der grünen, nur angelehnten aber nicht verschlossenen Außentür des Gewölbes befindet sich das rote Mars-Symbol.

- In dem Gewölbe befindet sich eine Kristallkugel.

- Der Sarkophag steht aufrecht und ist in weißen Stoff gehüllt.

- Auf der Ostseite des Tempels steht ein weiß-goldener Altar. Auf ihm steht ein schwarz-weißes Kreuz, das aufgefaltet werden kann. Weiterhin steht auf dem Altar im Norden ein Kessel mit brodelndem Wasser und im Süden ein Silber-Stern.

- Shekinah hält eine Laterne für den Bittsteller bereit.

- Es liegen vier Sterne bereit:
  - der grüne Fomalhaut mit 12 Strahlen, der beim Salz liegt;
  - der blaue Antares (im Ritual auch „Sirius/Sothis" genannt) mit 24 Strahlen, der vor der Djed/Wasser-Säule liegt;
  - der rote Regulus mit 36 Strahlen, der vor der Ankh/Feuer-Säule liegt; und
  - der silberne Aldebaran mit 72 Strahlen, der auf dem Altar (an einer anderen Textstelle beim Sarkophag) liegt.

- Der Magus (Chokmah) steht im Osten. Shekinah (Binah) steht bei der Djed-Säule im Süden (links, Süden, Wasser-Säule). Der König von Salem (Chesed) steht bei der Ankh-Säule (rechts, Norden, Feuer-Säule). Alle drei bilden zusammen ein aufrechtes Dreieck, wenn man vom Eingang aus nach Osten hin blickt.

Der Aufbau des Tempels für das Einweihungsritual des Adeptus Exemptus läßt sich mithilfe dieser Angaben in etwa wie in der folgenden Skizze rekonstruieren:

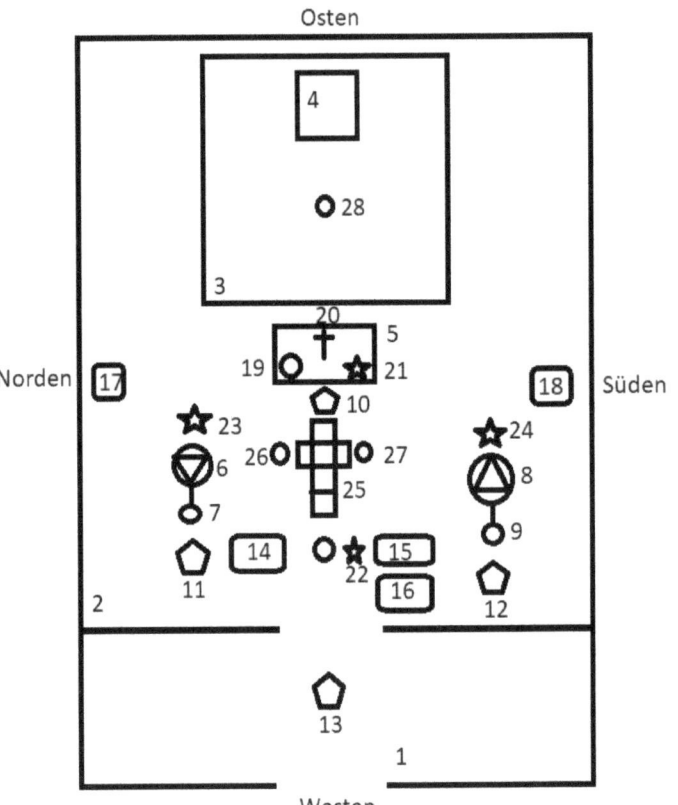

1. roter Vorraum	15. Löwe
2. Tempel	16. braunes Gewand, Sandalen, Stab
3. Gewölbe	17. Glocke (evtl. hier)
4. Sarkophag (aufrecht, weiß)	18. vier Kordeln (evtl. hier)
5. Altar	19. Kessel mit brodelndem Wasser
6. Wasser-Säule	20. schwarz-weißes Kreuz
7. Kelch mit Wein	21. Aldebaran
8. Feuer-Säule	22. Formalhaut
9. Gefäß mit Räucherwerk	23. Antares (Sirius/Sothis)
10. Magus	24. Regulus
11. Shekinah	25. Kreuz aus sechs Quadraten
12. König von Salem	26. Djed
13. Bittsteller	27. Ankh
14. Lebensrad	28. Kristallkugel

B   Das „Adeptus Major"-Ritual des Golden Dawn

Das im Folgenden dargestellte Ritual ist die Übersetzung der einzigen Version des Golden Dawn, die überliefert worden zu sein scheint.

Der überlieferte Text weist einige Fehler wie fehlende Worte, mehr oder weniger offensichtliche Schreibfehler und ähnliches auf, durch die manche Textstellen schwer verständlich geworden sind. Im Großen und Ganzen ist der Text jedoch gut lesbar und schlüssig.

An einigen Stellen werden jedoch einige Umstände wie Handlungen, der Aufbau des Tempels u.ä. als bekannt vorausgesetzt, sodaß man sie aus dem Text so gut wie möglich rekonstruieren muß.

Es sind vereinzelt kurze Kommentar eingefügt worden, wo dies für das Verständnis des Rituals förderlich schien. Die Einfügungen von mir stehen in [eckigen Klammern].

Das 7°=4° Adeptus Exemptus Einweihungs-Ritual

entsprechend den traditionellen Lehren des Ordens

7°=4° Adeptus Exemptus Grad

Der Mystische Grad 7°=4°
der der Grad des blühenden Stabes ist

1. Allgemeines

a) Beschreibung der Teilnehmer

Adepten:

MAGUS: graues Gewand, weiße Nemyss [Pharaonen-Kopftuch] mit einer Goldkordel, Leopardenfell, Sandalen, Mandel-Zweig.

[Der Magus hat den Chokmah-Grad.]

KÖNIG VON SALEM: blaues und purpurnes Gewand, Flügelsonne, Lamen [Abzeichen, das an einer Kette auf der Brust getragen wird], Rose.

[Dieser Adept hat den Chesed-Grad.]

SHEKINAH: Rosen-farbiges Gewand, schwarzer Schleier, Akazien-Zweig.

[Sie hat den Binah-Grad.]

BITTSTELLER: in Teil 1 weiße Tunika und rote Schuhe; in Teil 2 brauner Umhang und Kapuze, Sandalen und Stab; in Teil 3 Ruhm-Gewand [vermutlich wieder das weiße Gewand; das braune Gewand wird wieder abgelegt].

Er muß den Akazien-Zweig mitbringen, den er im 6°=5°-Grad erhalten hat, und ebenfalls den Kristall.

[Er hat den Adeptus Major-Grad, der Geburah entspricht. Er geht in diesem Ritual den Weg von Geburah nach Chesed und erreicht dadurch den Grad des Adeptus Exemptus.]

b) Beschreibung des Tempels

VORRAUM: mit rotem Stoff ausgeschlagen, der Sarkophag steht aufrecht und ist in weißen Stoff gehüllt.

TOR: in sandfarbenen Stoff gehüllt mit dem Licht-Kreuz an dessen Süd- und Nord-Arm sich das Ankh und das Djed befinden; Dreifuß mit Salz im Westen.

[Das Tor wird durch die beiden Säulen gebildet.]

GEWÖLBE: quadratisch, blau mit violettem Boden, darüber ein grauer Schleier.

OSTSEITE: weiß-goldener Altar, darauf ein schwarz-weißes Kreuz, das aufgefaltet werden kann. Ein Kessel mit brodelndem Wasser auf dem Altar. Das rote Mars-Symbol auf Grün auf der Außenseite der Gewölbe-Tür. Ein Silber-Stern befindet sich im Süden des Kessels, der im Norden steht. Von Shekinah wird eine Laterne für den Bittsteller bereitgestellt; die einzige Tarot-Karte, die gemalt ist, ist das Schicksalsrad; der Einsiedler wird durch den Bittsteller repräsentiert und die Stärke wird durch Shekinah neben dem Löwen verkörpert.

VIER STERNE: Fomalhaut, 12 [1·12] Strahlen; Antares, 24 [2·12] Strahlen; Regulus, 36 [3·12] Strahlen; Aldebaran, 72 [6·12] Strahlen.

[Diese vier Sterne sind als die „vier königlichen Sterne" und als die „Wächter des Himmels" bekannt. Aldebaran im Sternbild Stier ist der Wächter des Ostens, Regulus im Löwen ist der Wächter des Nordens, Formalhaut im Sternbild Südlicher Fisch ist der Wächter des Südens und Antares im Sternbild Skorpion ist der Wächter des Westens.]

DREI TAROT-KARTEN: Schicksalsrad (dreht sich im den Uhrzeigersinn), Einsiedler (braunes Gewand), Stärke (Löwe).

VIER KORDELN werden benötigt: bernsteinfarben, violett, schwarz und silbern.

GESTEN:
- Thot: Die Geste des Thot besteht in dem Herabziehen des Wortes entlang der Mittleren Säule von oberhalb des Scheitels bis in die Hände. Dies stellt die vollkommene Idee dar, die von dem Logos, also von dem Geist Gottes, kommt, den Abgrund überquert und sich manifestiert. Diese Geste wird von dem Magus ausgeführt, der die Gottesform des Thot annimmt.

[Diese Geste entspricht dem senkrechten Balken in dem kabbalistischen Kreuz.]

- Hathor: Die Geste der Hathor besteht aus dem Legen der linken Hand auf die Erde, während die rechte Hand zum Himmel hinaufreicht. Diese Gottesform wird von Shekinah verwendet. Diese Bewegungen fassen das Wesen des zweiten Ordens zusammen, da er immer zuerst das Höhere invoziert und es dann zur Erde niederbringt.

[Diese Geste, die Oben und Unten verbindet, findet sich schon bei den Steinritzungen aus der späten Altsteinzeit und aus der Jungsteinzeit, die die Muttergöttin darstellen – sie weist allerdings stets mit dem linken Arm nach oben und mit dem rechten Arm nach unten. Diese Geste ist auch die Symbolik des hebräischen Buchstabens Aleph (א) und auch die Geste des Magiers im Tarot und die Geste des Segen in der anthroposo-phischen Christengemeinschaft.]

- Horus: Die Geste des Horus wird von dem König von Salem durchgeführt. Sie repräsentiert den äußeren Orden und das sich-Fortwenden von dem Bösen.

[Geste: mit dem linken Fuß einen Schritt vor, den Oberkörper vorbeugen, die Arme und Hände vorstrecken als ob man nach etwas greifen würde]

- Osiris: Die vierte Geste, die „Geste des Osiris" genannt wird ist das Zeichen des Harpokrates [Hor-pi-chrud: „Horus das Kind"], nur daß die linke statt die rechte Hand benutzt wird. Sie soll Osiris darstellen, der in der großen Stille das Dämmern der Wahrheit sieht.

[Geste: aufrecht stehen, rechter Fuß nach vorne, linker Fuß zur Seite, Spitze des linken Zeigefingers auf der Mitte der Unterlippe]

[c) Ritual]

I Eröffnung

Die Tür des Gewölbes steht weit offen und die Vorhänge sind zurückgezogen.
   Der Magus steht in dem Gewölbe und hält eine Zweig mit rosafarbenen Mandel-
blüten in seiner Hand.
   Shekinah steht bei der Djed-Säule mit einem Akazienzweig in ihrer linken Hand
und einer entzündeten Laterne in ihrer rechten Hand.

   [„Djed" ist altägyptisch und bedeutet „Ewigkeit". Diese Säule steht, wenn man am
Eingang steht und nach Osten blickt, links – dies ist die Säule der Weisheit des
Lebensbaumes.]

   Der König von Salem steht bei der Ankh-Säule mit einer roten Rose in seiner linken
Hand und einem Räuchergefäß in seiner rechten Hand.

   [„Ankh" ist altägyptisch und bedeutet „Leben". Diese Säule steht, wenn man am
Eingang steht und nach Osten blickt, rechts – dies ist die Säule der Strenge des
Lebensbaumes.]

   Der Magus formt ein Dreieck mit Shekinah im Norden und dem König von Salem
im Süden.

   Magus: *„Ihr Himmel habt euch geöffnet und die Winde sind still geworden – laßt
Gottes Tod-losen Bereich das WORT empfangen."*

   König von Salem: *„OH ADONAI HA ARETZ, MELEK ISRAEL, der Du Moses in
der Feuerflamme des Busches erschienen bist und ihm in Israel das Gesetz gabst –*

17

komme und befreie uns, die wir hier mir ausgestreckten Armen stehen!"

[Adonai ha-Aretz = Herr der Erde; Melek Israel = Engel Israels]

Er führt das Zeichen des Thoth aus.

Shekinah: *„OH SAPIENTA, PISTIS SOPHIA, die Du aus dem Munde des Aller-
hächsten gekommen bist, die von dem einen bis zu dem anderen reicht, die mächtig
und süß alle Dinge ordnet, komme und zeige uns den Weg zum Verstehen!"*

[Sapientia = Weisheit; Pistis Sophia = Glaube-Weisheit]

Sie führt das Zeichen der Hathor aus.

Magus: *„Laßt uns ihn loben – der über den Himmel erhaben ist und der der Herr
über jegliche Natur ist!"*

Er führt das Zeichen des Horus aus.

Alle: *„OH CLAVIS DAVID, SHARBITH ISRAEL, Ihr, die öffnen können, was kein
Mensch wieder schließen kann, die schließen können, was kein Mensch wieder öffnen
kann. Kommt und holt den Gefangenen aus dem Gefängnis und holt den, der in der
Finsternis sitzt, aus den Schatten des Todes heraus."*

[Clavis David = Schlüssel Davids; Sharbith Israel = Szepter Israels]

Alle wiederholen das Zeichen des Osiris und blicken nach Osten.

Magus: *„El, Starker und Mächtiger! El, Herr des Lichtes! Gewähre uns Deine
Gnade, damit wir in Einheit mit Dir diese Mysterien weitergeben können, die ein
Vater nur einem Eingeweihten-Sohn weitergeben kann, sodaß er zu einem Adler wird
und in den Himmel aufsteigt und Dein Antlitz betrachten kann. Es ist ihm nicht möglich, solange er noch unter der Herrschaft des Todes steht, ohne Hilfe in die Höhe
aufzusteigen – zusammen mit dem goldenen Funkeln des Glanzes, der keinen Tod
kennt. Gewähre, darum bitten wir Dich!, Allergnädigster, daß er heilig wird – sogar
so heilig wie Du es bist; daß er, wenn er eins mit Dir geworden ist, alle Menschen zu
Dir holen kann. Amen."*

[El = Gottesname in Chesed]

Sie legen sich mit dem Bauch auf die Erde und berühren dreimal mit ihrer Stirn den
Boden.

Punkt 1

Die Lichter werden verlöscht und die Tür wird angelehnt. Die Glocke wird viermal geschlagen.

Der Bittsteller nähert sich der Tür und klopft viermal.

Der König von Salem öffnet die Tür ganz und spricht: *„Mit welchen Schlüssel willst Du diese Tür öffnen?"*

Der Bittsteller hält ihm den Akazien-Zweig entgegen und spricht: *„Meine Stirn ist wie die eines Königs; meine Lippen sind geöffnet und mein Herz ist auf seinem Thron."*

Der König von Salem ergreift seien Hände mit dem 6°=5°-Griff, hält seinen anderen Arm fest oberhalb des Ellbogens, zieht ihn in den dunklen Raum und führt ihn rückwärts in einer Spirale in den Vorraum, setzt ihn aufrecht in den Sarkophag und bindet seine Knie mit dem bernsteinfarbenen Strick.

König von Salem: *„Dies stellt die Füße der Sothis dar – Du wirst in ihren Zustand der Ruhe geboren."*

Der König von Salem bindet ihn um seine Hüften mit dem violetten Strick.

König von Salem: *„Du hast die Ewigkeit geerbt und die Unendlichkeit ist Dir verliehen worden."*

Der König von Salem bindet ihn um sein Herz mit einem schwarzen Strick.

König von Salem: *„Es gibt weder etwas, was verborgen ist, aber nicht sichtbar werden wird, noch etwas, was begraben ist, aber nicht auferstehen werden wird."*

Der König von Salem bindet ihn um sein Haupt mit einem silbernen Strick.

König von Salem: *„Sei Dir bewußt, daß Du der Sohn des Vaters bist und daß Du in Stadt Gottes bist und daß Du diese Stadt bist."*

Der König von Salem dreht das Rad im Uhrzeigersinn und verläßt den Bittsteller, der alleine zurückbleibt.
Die Tür ist halbgeöffnet, sodaß man das Schicksalsrad sehen kann.

[Offenbar befindet sich hinter der Tür ein großes, drehbares Modell des Schicksalsrades, das durch den König von Salem durch einen Schwung ins Rotieren versetzt wird.]

Einer der Adepten liest das Folgende deutlich vor, sodaß der Bittsteller es durch die halbgeschlossene Tür deutlich hören kann:
„Höre nun die Geheimnisse der Tarotkarte vor Dir und meditiere in Deinem Herzen darüber. Ist nicht das Tarot selber nach dem „Rota des Schicksals" benannt worden – nach dem Rad der Geburt und der Wiedergeburt? Entspringen nicht die Speichen dem weißen Zentrum des Göttlichen Geistes und gehen sie nicht hinaus in die Dunkelheit des Bauches der Göttlichen Mutter?

[rota = lateinisch für „Rad"]

So geschieht es auch mit dem Leben des Menschen und auch mit dem Leben der Welten, die ebenfalls ständig von dem Göttlichen Vater in die Göttliche Mutter fließen, damit sie – geboren von der Jungfrau – auf dem Kreuz der Manifestation gekreuzigt werden und sich von dort aus dem Kreuz des Vaters anvertrauen.
Wahrlich – der Mensch steht zwischen dem Geist und der Materie, zwischen dem Engel und dem Tier.
Auf dem Gipfel des Aufstieges erblicken wir wie durch ein dunkles Glas, daß das Vollkommene Wesen, daß unsere Väter durch die Sphinx darzustellen versuchten, aus den vier Elementen in ausgewogenem Verhältnis besteht – die Intelligenz des Menschen, den aufsteigenden Geist des Adlers, das feurige Herz des Löwen und die sichere Standfestigkeit des Stieres.

[Diese vier Wesen symbolisieren die vier Evangelisten und die vier Elemente: Mensch = Markus/Luft, Adler = Johannes/Wasser, Löwe = Matthäus/Feuer und Stier = Lukas/Erde. Die Sphinx bestand in Ägypten nur aus dem Leib des Löwen, dem Kopf eines Menschen und den Flügeln eines (Seelen-)Vogels.]

Aus dem Geist geboren muß er nach Malkuth niedersteigen bis er mit dem Mantel der Haut bekleidet ist – der Leib, der für von den demütigen Bruder des Fleisches bereitet worden ist.

Von dort wird er wieder aufsteigen und mit ihm jene Schöpfung tragen, die zusammen mit ihm stöhnt und die zusammen mit ihm bis heute gewandert ist und auf die Erlösung erwartet.

Der einundzwanzigste Pfad ist die Intelligenz der Wiederverbindung und sie wird so genannt, weil sie den Göttlichen Einfluß empfängt, der in sie fließt – durch seine Segnung auf alle und alles Existierende. "

Es folgt eine lange Pause, während der der Bittsteller das Mantra wiederholt, daß ihm bei seiner Vorbereitung gelehrt worden ist. Während er dies tut, blickt er unentwegt auf das sich drehende Rad.

In diesem Teil des Rituals werden die Lichter des Kreuzes in dem Tor aufgestellt und das Dreibein-Geäß mit dem Salz gerade innerhalb des Einganges von dem Vorraum aufgestellt. Auch die vier Sterne müssen bereitet werden: der grüne bei dem Salz, der blaue bei dem Djed, der rote bei dem Ankh, und der silberne in dem Sarkophag.

<u>Das Mantra</u>

Der Bittsteller:

„Erdgeboren und erdgebunden
engen unsere Leiber uns ein,
verhüllt von rotem Lehm
und eingesperrt von unseren Sünden –
Wir müssen aufsteigen!

Blumen sind um unsere Füße gebunden
und Gras greift nach ihnen,
Vogelgesang lockt
und der Duft von Blüten ist süß –
Wir müssen aufsteigen!

Berge mögen locken
und die See uns rufen:
Wolkenformen täuschen
und rauschende Ströme verzaubern –
Wir müssen aufsteigen!

Planeten umkreisen uns
mit ihrem spiralförmigen Licht,
Sterne rufen uns hinauf
auf unserem halbherzigen Flug –
So werden wir aufsteigen!

Sonnenstrahlen werden uns hoch
und höher führen,
Mondesstrahlen werden unsere Seelen
mit dem reinigenden Feuer brennen –
So werden wir aufsteigen.

Wir stürzen uns in die Finsternis,
fürchten keinen Schmerz;
Kälte und Stille
reinigen uns alle –
Noch immer steigen wir auf.

Öffnet die Tore des Lichts,
öffnet die Türen weit;
innen blicken wir staunend
auf den Glanz, den sie verbergen –
Wir sind aufgestiegen."

Der König von Salem tritt ein und öffnet das Tor, doch er zieht noch nicht den Vorhang zurück.

Er deutet auf den braunen Umhang, die Sandalaen und den Stab, denn innen auf dem Boden liegen und spricht:

„Der Aufstieg auf den Berg der Einweihung ist sehr mühsam. Jeder von uns muß durch die Dunkle Pforte des Todes gehen, bevor er den Gipfel erreichen kann. Jeder muß den flammenden Pfad des Fegefeuers wandeln und darin noch einmal das erlösende Symbol des Kreuzes beschreiten, das darin durch die Flammen des Löwen der Stärke eingezeichnet worden ist.

Um dies tun zu können, muß der Eingeweihte auch zu dem Eremiten werden, dem Einsiedler in der Wüste, dem Pilger, der in das braune Gewand der Erde gekleidet ist, aber der durch den starken Stab des standfesten Willens und Strebens gestützt wird und ebenso durch das seinen Weg erleuchtende Licht der Inspiration, durch das er, wenn es an der Zeit ist, einen Funken des Innewohnenden Glanzes, der für alle Zeiten in den Heiligen Orten der Menschheit wohnt, aus der Hand der Großen Mutter erhalten wird.

Auf diese Weise kann er die ihn bindenen Stricke des Verlangens und der Lust lösen, sodaß er seinen Leib, seine Seele, sein Leben und seinen Geist vollkommen dem lebendigen Dienst weihen kann und so das Gewand der Irdischen Dunkelheit gegen das Hochzeitsgewand des Glanzes eintauschen und dadurch die seligmachende Vision erlangen kann.

Der zwanzigste Pfad des Sepher Jezirah wird Intelligenz des Willens genannt, und er wird so bezeichnet, weil er das Mittel der Gestaltung von allen und einem jeden erschaffenen Wesen ist und weil durch diese Intelligenz das Geheimnis aller Tätigkeiten der spirituellen Wesen und die ursprüngliche Weisheit offenbar wird."

Punkt 2

Der Bittsteller sollte – ohne daß er dazu angeleitet wird – aus dem Sarkophag hervortreten und den braunen Umhang nehmen und anlegen, die Sandalen anziehen und den Stab mit seiner rechten Hand ergreifen.

[Anscheinend ist der Bittsteller vorher zu dem aufrecht stehenden Sarkophag geleitet und in ihn gestellt worden.

Vermutlich liegt hier jedoch ein Fehler im Text vor und der Bittsteller ist lediglich in den Tempel eingetreten, denn sonst würde ein größerer Teil des Textes fehlen, der beschreiben müßte, wie der Bittsteller in den Sarkophag gelangt ist – das Stehen des Bittstellers in dem Sarkophag ergibt an dieser Stelle auch vom Ritual her gesehen keinen Sinn.]

Eine Glocke erklingt.

Die Tür wird geöffnet und macht einen Löwen in dem offenen Durchgang sichtbar. Hinter ihm steht Shekinah mit einer entzündeten Laterne in ihrer Hand. Sie reicht diese dem Bittsteller.

[Hier wird die Tarot-Karte „Stärke" dargestellt.]

Shekinah: *„Der, der der Größte sein will, soll der Diener sein."*

Der Bittsteller führt das 6°=5°-Zeichen durch und legt seine Hände auf den Kopf des Löwen.
Er nimmt die Laterne und spricht: *„Diener der Stille ist mein Name."*

Shekinah zieht sich zurück und der Löwe verschwindet und öffnet so den Blick auf das Dreifuß-Gefäß mit dem Salz.

Der Bittsteller kniet sich auf beide Knie, verstreut etwas Salz über sich selber und sagt laut: *„Erde zu Erde und Leib zu Leib – im Namen des ADONAI HA-ARETZ, des Herrn und Königs der Erde, weihe ich meinen Leib dem Dienst des Höchsten."*

Er löst die bernsteinfarbene Schnur von seinen Knien und legt sie über das Salz.

Der König von Salem tritt herbei und befestigt den grünen Stern auf seinem linken Knie und spricht: *„Siehe, ein Stern im Westen – es ist Formalhaut – wird mit seiner Helligkeit und seinen Strahlen Deinen Füßen ein Führer sein."*

Das Dreifuß-Gefäß wird fortgenommen.

Der Bittsteller tritt vor und betritt das Kreuz des Lichtes. Er schreitet zwischen den Linien des Lichtes voran bis sein Weg versperrt ist.
Er wendet sich zu der Djed-Säule, auf deren Spitze die Schale mit Wasser steht und deren blauer Arm einen Kelch mit Wein hält.
Er ergreift den Kelch und befeuchtet seine Lippen mit dem Wein und gießt dann den

Rest in die Schale mit Wasser.

Er läßt sich auf sein linkes Knie nieder und ruft aus: *„Wasser zu Wasser und Seele zu Seele – in dem Namen der Großen Mutter weihe ich meine Seele dem Dienst des Höchsten."*

Er löst die violette Schnur von seinen Löwen und hängt sie über das Djed.

Die Shekinah tritt vor und bindet den blauen Stern um seine Taille und hebt ihn aus seinem Knien empor und spricht: *„Friede – Friede dem, der nah ist. Möge das Licht der Sothis der Seele Frieden bringen."*

[Sothis ist der altägyptische Name des Sirius und wurde als eine Gestalt der Göttin Isis aufgefaßt, die der Shekinah ähnlich ist, deren Priesterin hier spricht.]

Der Bittsteller dreht sich um und geht zu der Ankh-Säule.

Er streut Weihrauch auf die Flamme und läßt sich auf sein rechtes Knie nieder und spricht: *„Feuer zu Feuer und Leben zu Leben in dem Namen des Jah, des Ewigwährenden. Ich weihe mein Leben dem Dienst des Höchsten."*

[„Jah" ist der Gottesname der Sephirah Chokmah, die die oberste der drei Sephiroth der Säule des Feuers ist, vor der der Bittsteller hier gerade steht.]

Er löst die schwarze Schnur und legt sie durch den Ring-Öffnung des Ankhs.

[Das Räuchergefäß befindet sich wahrscheinlich in der Hand des Armes, der sich an dieser Säule befindet. Der Arm an der Wasser-Säule hält – wie schon beschrieben – einen Kelch. Solche Arme finden sich in altägyptischen Darstellungen und auch bei den vier Elemente-Assen im Tarot, wo sie aus Wolken hervorkommen.]

Der König von Salem tritt vor, erhebt ihn aus seinem Knien empor und bindet ihm den roten Stern auf seine Brust und spricht: *„Dein Herz ist das Herz des Löwen, und der Stern des König – es ist Regulus – soll auf Deiner Brust strahlen."*

Der Bittsteller wendet sich fort und wird angewiesen, sich dem Eingang des Gewölbes zu nähern, wo der scharlachrote Mars auf einem grünen Hintergrund zu sehen ist.

Der Bittsteller erhebt die Laterne in die Höhe, legt seinen Stab über die Schwelle vor dem Vorhang und ruft aus: *„Licht zu Licht und Geist zu Geist – in seinem Namen,*

25

der nicht ausgesprochen werden darf, weihe ich meinen Geist dem Dienst des Aller-höchsten."

[Der Name, der nicht ausgesprochen werden darf, ist „Jahwe" – er wird entweder als „Yod-He-Vau-He" buchstabiert oder „Tetragrammaton", d.h. „Vierbuchstabiger" genannt.]

Der Vorhang wird geöffnet und Shekinah steht in dem Gewölbe. Sie hat ihren Schleier zurückgezogen und hält in beiden Händen die Kristallkugel, auf die die Sigille des Bittstellers eingraviert oder aufgemalt ist.

Shekinah: *„Ich bin ER und ER ist ich und siehe – der Schöpfer hat Deine Kristall-kugel an den Sternenhimmel gesetzt!"*

Sie gibt ihm die Kristallkugel, nimmt die Laterne und setzt sie auf die rechte Seite des Altars.

Dann wendet sie sich wieder dem Bittsteller zu und löst die Schnur an seiner Stirn und spricht: *„Möge die Silberschnur gelöst werden."*

[Es ist unklar, ob hier auf die Bedeutung „Lebenskraft-Verbindung" des Begriffes „Silberschnur" angespielt wird. Die Silberschnüre beginnen üblicherweise am Son-nengeflecht.]

Sie legt die Schnur auf die linke Seite des Altars und nimmt den silbernen Stern und setzt ihn auf seine Stirn und spricht: *„Ich habe Dir die Sternenkrone des Aldebaran gegeben, damit Du auf den Himmlischen Pfaden wandeln kannst."*

Der König von Salem betritt das Gewölbe und weist den Bittsteller an, sich an dem Eingang des Gewölbes niederzuknien und sich die Kapuze des Pilger-Umhangs über seine Augen zu ziehen.

Es findet eine Pause statt.

Am Ende dieser Zeit erklingt eine Glocke.

Der Bittsteller wird erhoben und steht wieder auf seinen Füßen und wird mit dem 7°=4°-Griff über die Schwelle gezogen. Der braune Umhang wird ihm abgenommen und beiseite gelegt. Zu seinen Füßen liegt ein Kreuz aus sechs Quadraten und dahinter ist der Altar.

König von Salem:

„Der Vater hat ein Gebot ausgesprochen
und der Sohn hat für mich durch seine eigene Seele
einen spirituellen Körper erschaffen.
Ich bin der, der weit gereist ist
und der eine Pilgerwanderung durch die Sterne des Himmels gemacht hat
und zu dem Herzen der Großen Mutter.
Sie hat mich geboren, weil dies ihr Wille gewesen ist.
Ich bin Osiris, der Erstgeborene der Götter.
Ich bin ein göttliches Wesen geworden.
Ich habe mich in der Gestalt eines Adlers verjüngt.
Siehe, ich bin beobachtet und bewacht worden,
doch nun bin ich frei.
Siehe, ich war mit Schnüren gebunden,
doch nun ruht meine Kristallkugel im Ster-nenhimmel.
Ich habe Wissen und ich habe Wahrheit
und meinen Händen und Füßen ist die Beweglichkeit wiedergegeben worden.
Ich bin durch das Tor des Formalhaut geschritten.
Ich bin als der Stern Sothis hervorgetreten.
Ich habe das Herz des Löwen erhalten.
Ich bin mit der Krone der 72 Strahlen gekrönt worden.
Möge nun meine Seele in Deine Gegenwart gerufen werden
und möge mein Geist auf Deinen Altar gelegt werden.
Oh mein Vater, ich bin vor Dich getreten
und Du hast mich in das verborgene Heim eintreten lassen.
Stärke mich wie Du Dich selber gestärkt hast

und zeige Dich selber Deinem Sohn!
Oh Du, der zurückkehrt und sich selber zeigt –
möge Dein Wille geschehen!"

[In dem vorletzen Vers bezieht sich das „zurückkehren und sich zeigen" auf Christi Auferstehung. Das „Dein Wille geschehe" bezieht sich auf das Glaubensbekenntnis.]

Shekinah: „*Oh Geheimnis, das außerhalb der Welten ist, durch das alles erschaffen worden ist – dies ist das ganze Hervortreten und Hinaufsteigen, das alles Erschaffene erschaffen hat und alles, das darin ist, wegen dem alle Geheimnisse existieren und alle ihre Bereiche.*

[Dies ist eine Beschreibung des Lebensbaumes: Geheimnis = Gott (Ain Soph Aur); Geheimnisse = Gottes-Aspekte der Sephiroth; Bereiche = Sephiroth; Hervortreten = Blitzstrahl der Schöpfung; Hinaufsteigen = Schlange der Weisheit]

Komm zu mir, o Du, der erscheint und sich wieder zurückzieht!
Komm zu uns, denn wir sind Deine Glieder!
Komm zu uns, denn wir sind alle eins mit Dir!
Wir sind alle eins und dasselbe!
Du bist der Vater und wir nähern uns Dir,
damit Du diesen Deinen Sohn empfangen kannst.
Stärke ihn wie Du Dich selber gestärkt hast
und zeige ihm, daß Dein Wille geschehen wird.
Wir kleiden diesen Deinen Sohn in dem strahlenden Gewand des Glanzes."

Sie legt ihm das Gewand an und zeigt auf das Kreuz auf dem Boden.

Shekinah: „*Der Letzte wird der Erste sein und der Niedrigste wird der Höchste sein.*
Malkuth wird zu dem Thron von Kether erhoben werden und alles wird sich auflösen und endlos und heilig werden.
Der Stein, den die Baumeister zurückgewiesen haben – genau dieser wird der Eckstein werden.
Das Kreuz des Leidens wird zu dem Scheitelstein werden und er wird über die Erde emporgehoben werden.
Der Sohn wird das geben, was er erhalten hat.
Und vielleicht wird er das Antlitz seines Vaters erblicken."

Der Bittsteller muß das Kreuz zu einem Würfel zusammenfalten und auf ihm knien, wobei er von Shekinah und dem König von Salem gehalten wird.

[Dieses Kreuz scheint aus sechs quadratischen Holzplatten oder ähnlichem zu bestehen, auf denen der Bittsteller knien kann, wenn er sie übereinandergelegt hat.]

Der Bittsteller hält seine Kristallkugel in beiden Händen und neigt seinen Kopf.

Es gibt eine Pause.
Dann erscheint der Magus hinter dem Schleier.

Magus:
„Sei ruhig, mein Sohn.

Dies ist das Lobpreisen, das die Seele gut gestimmt hält.
Dies ist die Hymne der Wiedergeburt.
Dies ist der Gesang des Vereinigung.

Sei ruhig, mein Sohn.

So sollst Du erkennen, daß ER selber sowohl die Dinge ist, die sind, als auch die Dinge, die nicht sind.
Die Dinge, die sind, hat ER erschaffen.
Die Dinge, die nicht sind, bewahrt Er in sich selber.
ER ist der Gott jenseits aller Namen.
ER ist unerschaffen.
ER ist der am vollkommensten Erschaffene.
ER ist der, den nur der Geist allein betrachten kann.
ER ist auch den Augen sichtbar.
ER ist der ohne Leib.
ER ist der mit vielen Leibern.
Nein, ER ist der Leib von allen.
Es gibt nichts, was ER nicht ist.
Denn alles ist ER und Er ist alles.

Sei ruhig, mein Sohn. "

König von Salem:
„Alles bist DU. "
Alles ist aus DIR heraus.
Oh, DU, der alles gibt und nichts nimmt.
Denn DU hast alles und es gibt nichts, was DU nicht hast.
DU bist alles, was auch immer ich sein mag.
DU bist alles, was auch immer ich tun mag.
DU bist alles, was auch immer ich sprechen mag.

Denn DU bist alles und es gibt nichts, was DU nicht bist.“

Shekinah:
„DU bist das, was existiert und DU bist das, was nicht existiert.
Du bist der Geist, wenn DU denkst
und DU bist der Geist, wenn DU erschaffst
und DU bist Gott, wenn DU belebst
und DU bist das Gute und der Schöpfer von allem.“

Magus:
„Sei ruhig, mein Sohn.

Denn ich werde das Loblied dessen singen,
der alles erschaffen hat,
der die Erde festgesetzt hat und den Himmel aufgehangen hat,
der das Meer beherrscht.
Wer läßt das Feuer leuchten?
Das ist ER, der das Auge des Geistes ist.
Möge er das Loben aller unserer Kräfte annehmen!
Oh Leben und Licht – von uns zu euch fließen die Lobgesänge für unseren Vater.
Ich danke DIR – der Kraft aller Kräfte!
Nimm alles von mir zurück in DICH hinein!
Aus DIR, aus DEINEM Willen – und alles wieder zu DIR.
Dieses Alles ist in uns – O Erhalter des Lebens!
O erhellendes Licht!
O Schöpfer – schaue!
Vater des Lichtes, in dem es keinen Schatten des Fortwendens gibt –
nimm Deinen Sohn an!“

Der Bittsteller läßt seinen Kristall in den Kessel fallen und erhebt seinen Kopf. Der Schleier ist teilweise geöffnet und der Magus berührt den Bittsteller am Herzen, an den Lippen, an den Augen und an der Stirn mit dem Mandel-Zweig und legt dann seine Hand einen Augenblick lang auf den Kopf des Bittstellers.

Es findet eine Pause statt.

Dann erheben ihn die Magier und die Magierin. Danach zeigt ihm der König von Salem die Zeichen des Grades [des Adeptus Exemptus].

Magus: *„Sohn, gedenke, daß Du alles erhalten hast bist hin zur äußeren Grenze. Es* *kann für Dich kein Getrenntsein mehr geben.*

Sei Dir dessen bewußt, wenn ich Dir das Paßwort des Grades gebe, das 'ACHAN' lautet, das die Einheit symbolisiert und die beiden Zahlen '13!, die die Zahl von 'ACHAD' ist, und die Zahl '31', die die Zahl des EL ist, des Göttlichen Namens dieses Grades.

Und diese beiden Zahlen verbergen die Zahl '4', die die Schöpfung darstellt.

[13 → 1+3=4; 31 → 3+1=4; 13+31=44 → zweimal die Zahl '4']

Und ich begrüße Dich als MENES THEOROS, den Bewohner der Berge.

[Der „Berg" ist hier vermutlich ein Symbol für die Sephiroth Da'ath.]

Gedenke, o mein Sohn, daß sich in Dir die Einheit des Göttlichen Einen manifestiert hat.

Zum Zichen dafür, laßt ihn uns mit seinem vierfachen, mystischen und schrecklichen Namen rufen:

    A. EE. AE. OO."

Der Magus intoniert das „OO".
Shekinah intoniert das „EE".
Der König von Salem intoiniert das „AE".
Der Bittsteller intoniert das „OO".

   Der König von Salem sagt dem Bittsteller, daß er solange er will vor dem Altar knien bleiben kann.
   Der Schleier schließt sich und der Magus zieht sich zurück und alle verlassen das Gewölbe.

ENDE

III Das Ritual
der Societas Rosicruciana in Scotia

Grad VII - Adeptus Exemptus

[Die Personen in diesem Ritual sind:

„Conductor"	– Leitender Adept,
„Inductor"	– Einführungs-Adept,
„Expositor"	– Erläuterungs-Adept
„Provincial Secretary"	– Bezirks-Sekretär
„Frater"	– Adept
„Candidate"	– Kandidat]

[1. Vorbereitung]

Das Gewölbe wird vorbereitet, indem auf den Boden ein Sarkophag gestellt wird, dessen Kopfende in der Nähe der Mitte des Gewölbes ist und dessen Fußende nach Osten weist. Das Heilige Buch wird an das Kopfende des Sarkophages gelegt und eine entzündete Lampe an sein Fußende; es kann eine Gedenktafel an den Sarkophag gelehnt werden – wenn dies getan wird, sollte sie so gestellt werden, daß sie von Osten aus gelesen werden kann.

Die Stühle sollten – so weit dies möglich ist – so gestellt werden, daß sie ein Siebeneck bilden, von dem eine Spitze nach Osten weist [und folglich eine Seite nach Westen].

Das Gewölbe ist nur schwach erleuchtet. Wenn möglich, sollte ein einzelnes Licht im Süden stehen, das im passenden Augenblick eingeschaltet werden kann. Wenn kein solches Licht verfügbar ist, sollte die allgemeine Beleuchtung verwendet werden.

Der Kandidat muß ein Adeptus Major sein, also den Grad VI innehaben und er muß den Edelstein des VI. Grades tragen.

Wann immer möglich – obwohl davon mit der Erlaubnis des S.M. oder Obersten Adepten abgewichen werden kann – sollte nie mehr als ein Kandidat für den Grad VII an dem Ritual teilnehmen [also keine „Gruppen-Einweihungen"].

Der Kandidat muß die Geheimen Arbeiten der Grade I-VI kennen.

In dem Vorraum bereitet der Ministrant den Kandidaten vor und erklärt ihm, wie er um Einlaß bittend anklopfen muß (5mal+1mal).

Dieser Grad wird technisch gesehen an Mittag in dem Gewölbe der Adepten verliehen. Die strahlende Sonne steht im Süden, doch zu Beginn der Zeremonie ist das Gewölbe nur schwach erhellt und die strahlende Sonne ist nicht sichtbar. Auf dem Boden liegt ein Sarkophag mit dem Kopfende nach Westen, der wie für den Grad V vorbereitet worden ist, aber zu dem zusätzlich ein runder Altar an das Fußende des Sarkophages gestellt worden ist, der dort so platziert wird, daß das [der Buchstabe] „Shin" [w] auf ihm von Westen her gelesen werden kann.

Der Leitende Adept steht neben dem Erläuterungs-Adepten – wenn möglich auf seiner Nordseite. Ein Sitzplatz neben dem Erläuterungs-Adepten ist für den Kandidaten vorbereitet – auf seiner Südseite.

Ein Adept steht bereit, um das Licht im Süden zu dem passenden Zeitpunkt einzuschalten.

Der Kandidat, der die Juwelen eines Adeptus Major trägt, ist verschleiert. Ihm wird gesagt, daß er das Klopfzeichen des Adeptus Major geben soll, wenn das Zeichen dazu gegeben wird.

[2. Eröffnung]

Einführungs-Adept: *„Rechtschaffener Leitender Adept, bitte bestätige, daß alle, die hier in dem Gewölbe sind, den Grad VII oder höher haben."*

Der Leitende Adept überprüft dies und spricht: *„Rechtschaffender Einführender Adept, ich bestätige das."*

Der Einführungs-Adept klopft einmal: Alle erheben sich.

Einführungs-Adept: *„Ehrenwerte Frater, ich eröffne diese Versammlung von Adepti Exempti, indem ich fünf- und dreimal klopfe ***** *** und durch die mystischen Worte 'Mors Janua Vitae'."*

[„mors janua vitae" = „Der Tod ist das Tor zum Leben."]

Das Klopfen wird von dem Erläuterungs-Adepten und von dem Leitenden Adepten wiederholt.
Der Leitende Adept öffnet die Bibel.
Alle sitzen.
Der Bezirks-Sekretär verliest das Protokoll des letzten Treffens des Adept-Grades in

diesem Bezirk, das, nachdem seine Richtigkeit bestätigt worden ist, von dem Einführungs-Adepten unterzeichnet wird.

Das Formular A/C wird von dem Bezirks-Sekretär verlesen.

[3.] Aufnahmezeremonie

Einführungs-Adept: *„Ehrenwerte Frater, wir sind heute hier versammelt, um den Mittag zu feiern, indem wir einen Adeptus Major unseres Ordens in die vollständigen Würden eines Adepten aufnehmen.*

Unser Frater ist wegen seines Fleißes und seines Fortschrittes in den Studien, die ihm aufgetragen worden sind, dafür auserwählt worden, dieses Privileg zu empfangen.

Ehrenwerter Leitender Adept, der Kandidat muß uns die Geheimen Worte aller Grade vom Zelator aufwärts sagen können – dann kannst Du ihn zulassen und ihn vor uns stehen lassen."

Leitender Adept: *„Ich werde den Frater zulassen – so wie Du es wünschst – und er wird von mir geprüft werden, um zu sehen, ob er würdig ist."*

Der Kandidat wird angewiesen, wie ein Adeptus Major zu klopfen. Wenn das Klopfen gehört wird, geht der Leitende Adept zur Tür des Gewölbes, läßt den Kandidaten ein und führt ihn zur Nordseite des Sarkophages.

Dann geht der Leitende Adept zu der Südseite des Sarkophages und steht dort mit dem Blick zu dem Kandidaten.

Leitender Adept: *„Frater Adeptus Major, um Dein Voranschreiten zu dem Grad des Adeptus Exemptus sicherzustellen, ist es notwendig, daß Du den Fratres die Geheimen Worte aller Grade vorträgst, die Du bereits durchgangen bist.*

Gib mir nun die Geheimen Worte des Grades des Zelators, ...

[Der Kandidat antwortet.]

(Beachte, daß für diesen Grad sowohl das Paßwort „LUX" als auch das Große Wort „INRI" gesagt werden muß.)

... des Theoricus ...

[Der Kandidat antwortet.]

... des Prakticus ...

[Der Kandidat antwortet.]

... des Philosophicus ...

[Der Kandidat antwortet.]

... des Adeptus Minor ...

[Der Kandidat antwortet.]

... und zuletzt des Adeptus Major. "

[Der Kandidat antwortet.]

Nachdem dies geschehen ist, geht der Leitende Adept über Westen nach Norden und stellt sich selber hinter den Kandidaten.

Erläuterungs-Adept: *„Ehrenwerter Adeptus Major, Dein Fortschritt zu dem höchsten Grad der Adepten ist langsam und schrittweise gewesen, doch alle Stationen Deines Weges sind gleichermaßen notwendig und förderlich gewesen:*

> *- Dein Schritt als Zelator war eine Zeit des Schweigegelübdes und der Probe.*
> *- Als Theoricus hast Du eine kluges Studium unserer Wissenschaften betrieben.*
> *- Als Theoricus hast Du durch Experimente ein Wissen über die Eigenschaften der Materie erlangt,*
> *- und als Philosophus hast Du Deine Intuition erweitert und vertieft und Du hast die Göttlichen Mächte jenseits von Dir betrachtet.*
> *- In den beiden vorbereitenden Adeptus-Graden bist Du angeleitet worden, Deine eigene Zukunft zu betrachten; Dir ist zu der Erkenntnis verholfen worden, daß Du eines Tages von Angesicht zu Angesicht dem Tod gegenüberstehen wirst, denn allein der Tod ist das Tor, durch das Du schreiten mußt, um das höchste Wissen zu erlangen – die vollkommene Einweihung.*

Du bist hierher gekommen, um in symbolischer Weise zu sterben: Schon jetzt ist Dein Gesicht verhüllt und von dem Tageslicht verborgen – Du stehst direkt vor dem Rand des Grabes. "

Der Leitende Adept nimmt den Schleier [über dem Kandidaten] fort.

Einführungs-Adept: *„ Und mögest Du, wenn die Dir bestimmte Zeit gekommen ist, in Frieden und Ehren in es [das Grab] sinken.*

Kein Bewohner der Erde ist als Person unsterblich – nichts in dieser Welt ist unsterblich.

Selbst die Sonne muß sterben und sich in ihre Elemente auflösen. Ja, für uns Menschen scheint sie täglich zu sterben: an jedem endenden Tag wird ihr Licht verhüllt.

So wie sie in täglicher Folge unseren Blicken entschwindet – woran sie niemand hindern kann – so mußt auch Du, mein Frater, in das Tal der Schatten des Todes hinübergehen.

Deine gegenwärtige Gestalt ist nur ein vergängliches Bild, das wieder in die Erde zurückkehren muß, aus der seine materiellen Elemente genommen wurden.

Dein wahres Selbst muß vor den menschlichen Augen durch diese gefürchtete Verwandlung verborgen bleiben, die die Menschen 'Tod' nennen, doch die für die Eingeweihten nur die Pforte des Leben ist: MORS JANUA VITAE – der Tod ist die Pforte des Lebens.

Mein sehr geehrter Frater, diese Worte 'MORS JANUA VITAE' sind die Geheimen Worte dieses hohen Grades, und nun, da ich sie Dir enthüllt habe, solltest Du in bildlichem Sinne die Sonne in ihrem Mittagsglanz im Süden sehen. "

Bei diesen Worten wird das Licht im Süden enthüllt [eingeschaltet].

Einführungs-Adept: *„ Die Sonne ist das Urbild des vollkommenen Wissens, die die Zukunft Dir bringen wird, und auch das Urbild des Grades des Adeptus Exemptus, der vollständigsten und strahlendsten Stellung in unserem Zweiten Orden.*

Sehr geehrter Frater, möge die Menge Deiner Jahre in diesem Leben mögen groß an Zahl sein oder möge sie gering an Zahl sein: Achte darauf, daß Du sie auf gute Weise verbringst.

Lasse nicht in Deiner Wachsamkeit nach, lasse nicht in Deinen Übungen nach.

'Immer aufwärts und vorwärts' sollten Deine Losungen sein, denn dies ist der Pfad zu der Göttlichen Existenz.

Scheitere nicht darin, Dich daran zu erinnern: 'MORS JANUA VITAE' – der Tod ist das Tor des Lebens.

Das Zeichen und der Griff sind die eines Adepten. Das Klopfen ist 5mal und 3mal. "

Erläuterungs-Adept: *„ Lebe, mein ehrenwerter Frater, in der Welt, aber sei nicht von dieser Welt.*

Schütze lieber Deine Seele als Deinen Leib.

Sei reinen Geistes und strebsam in guten Werken.

Wirf alle Ängste ab und behalte den Rat, den ich Dir nun gebe, in Deinem Gedächtnis: 'Gnothi se auton' – 'Kenne Dich selbst'.

Die Stimme des Gewissens, die die spirituelle Intuition ist, wird niemals aufhören, den in rechter Weise zu leiten, der ihren Schrein ehrt – doch bleibe Dir bewußt, daß Du jedesmal, wenn Du die Hinweise des Gewissens zurückweist, einen Teil ihrer Autorität zerstörst und einen Schritt auf Deinem Weg zu moralischer Vollkommenheit zurückfällst."

Einführungs-Adept: *„Das Wissen über Dich selber wird Dich zu der Wahrnehmung des Universellen Wissens führen, zu der Betrachtung der absoluten Wahrheit."*

Erläuterungs-Adept: *„Für den Menschen ist der Mikrokosmos analog zu dem Makrokosmos; das, was unten ist, gleicht dem, was oben ist, doch das Materielle ist nicht das Spirituelle."*

Einführungs-Adept: *„Doch selbst in dieser materiellen Gestalt wohnt ein Funken des Göttlichen, das das Höhere Selbst ist. Daher enthält jedes menschliche Wesen den Keim der unendlichen Verbesserung."*

Erläuterungs-Adept: *„Doch diese Verbesserung hängt von der Freiheit Deines Willens ab: Der Mensch kommt von Gott, zu Gott kann er zurückkehren, wenn er sich gut verhält."*

Einführungs-Adept: *„Wir haben Dich gelehrt, wie Du wissen kannst."*

Erläuterungs-Adept: *„Du alleine kannst wollen."*

Leitender Adept: *„Du allein kannst wagen."*

Einführungs-Adept: *„Nur durch diese Mittel kann Dein Streben von Erfolg gekrönt werden.*
Mögest Du Dieses Erlebnis niemals vergessen; mögest Du niemals darin fehlgehen, auf dem Pfad der Pflicht zu bleiben und niemals eine Gelegenheit, Selbsterkenntnis zu erwerben, versäumen: Dann wirst Du in der Lage sein, anderen dabei zu helfen, den rauhen Pfad, der allein zu dem Ziel der Vollkommenheit führt, hinaufzusteigen.

Setzt euch nun, meine ehrenwerten Fratres, in diesem Gewölbe der Adepti Exempti – dann wird der Erläuterungs-Adept uns die Lehren dieses Grades vortragen."

Erläuterungs-Adept: *„Rechtschaffender Magister Einführungs-Adept und ehren-werte Fratres – der Grad des Adeptus Exemptus vervollständigt den Zweiten Orden der Rose und des Kreuzes, und in dem Namen aller Adepten beglückwünsche ich*

Dich, Frater, daß Du die Krone der Adeptenschaft erlangt hast, doch zugleich bitte ich Dich dringend, Deine Studien und Deine Verpflichtungen mit Inbrunst und Eifer fortzuführen.

Lasse niemals darin nach, rechtschaffen zu sein, strebe immer danach, Dich in all Deinen Tätigkeit selber zu übertreffen – dann kann es sein, daß Du im Laufe der Zeit von unserem ehrenwerten Obersten Magus den Ruf erhalten wirst, in den Lenkenden Orden unserer Gemeinschaft aufzusteigen; denn der Pfad zum Magister steht dem Frater, der Mut und Ausdauer besitzt, immer offen, wenn er zu diesen Tugenden die Begeisterung bei der Durchführung seiner Werke hinzufügt sowie eine gesittete Unterordnung unter die Geheiße der Magier, die unsere altehrwürdige und ehrenwerte Gemeinschaft leiten.

Ja, mein Frater, der Pfad steht immer offen und er führt den ganzen Weg aufwärts, doch er ist noch immer voller Verlockungen, die den Pilger, der das Unendliche sucht, zur Seite fortziehen wollen.

Als ein Adeptus Exemptus ist es Deine besondere Aufgabe, die Studien der Philosophi zu leiten, die nicht nur die christlichen Schriften lesen und dem Geheiß Christi folgen sollen, sondern ebenso die Lehren der großen Weltreligionen suchen und studieren und verstehen sollen, und zudem danach streben sollen, den vielen Millionen unserer Mitmenschen gute Verhaltensregeln zu vermitteln.

Es sollte im Bewußtsein behalten werden, daß die Freimaurerei als eine Erkenntnis-Gemeinschaft, als die aus den mehr im Außen tätigen Gilden entstand, in England zunächst eine christliche Bruderschaft gewesen ist und daß die Grundlage der englischen Freimaurerei erst deutlich später theistisch geworden ist.

Die Fratres der Gemeinschaft der Rose und des Kreuzes haben allezeit den christlichen Glauben ausgeübt und in unserer heutigen 'Societas Rosicruciana in Anglia' nehmen wir weiterhin nur christliche Freimaurer-Brüder auf.

Die Pflichten eines Adeptus Exemptus bestehen nicht nur in der Unterstützung des Studiums der Philosophi, sondern auch in der Aufsicht über die Adepten der beiden niedrigeren Grade [Adeptus Minor und Adeptus Major],die durch das Gespräch und durch das eigene Beispiel darin unterrichtet werden, wie sie ihre eigenen Leben lenken und leiten sollen, sodaß sie auf eine angesehene Weise leben und voller Ehren und guter Werke sterben.

Du, mein neu aufgenommener Adeptus Exemptus, bist gerade durch die Zeremonie gegangen, bei der Du an dem symbolischen Grab gestanden hast, damit sich Deine Gedanken ganz natürlich auf das Jenseits richten und damit Du danach strebst, das Wesen des Daseins oder des Zustandes zu erkennen, in der die körperlose Seele erwachen und in die große Finsternis blicken kann, die unser aller Ende überschattet.

Als Christ weißt Du, daß es den Menschen nicht gewährt ist, 'die Geheimnisse von Gottes Königreich' zu verstehen. Wie St. Paulus sagte, 'nun sehen wir nur wie durch ein dunkles Glas, doch dann werden wir von Angesicht zu Angesicht sehen'.

Zu den gläubigen Christen sagte unser Göttlicher Meister: 'In meines Vaters Haus sind viele Zimmer – ich gehe und bereite sie für euch.'

Laßt uns Gott lieben und uns allen Menschen gegenüber gerecht verhalten,
laßt uns die Natur studieren,
laßt uns sowohl lehren als auch lernen,
laßt uns gnädig sein, so wie wir auch selber auf Gnade hoffen,
und indem wir so handeln, bereiten wir uns darauf vor, bei unserem Tod unsere Augen zu schließen, wenn wir unser Lebenswerk vollbracht haben –
gelassen in der Würde unseres Menschseins,
des Wohlwollens von Gott, unserem Vater, gewiß,
und auf das Versprechen unseres Großen Meisters Jesus Christus vertrauend.

Wir sind Fratres Rosae et Crucis – laßt uns deshalb der Rose als eines Symbols des Göttlichen Geistes in uns eingedenk sein, und des Kreuzes als eines Zeichens des Selbstopfers und des höchsten Strebens."

Der Leitende Adept führt den Kandidaten zu dem Einführungs-Adepten, der den neuen Adeptus Exemptus mit dem Juwel des Grades VII ausstattet, ihm das Ritual aushändigt und ihm gratuliert.
Der leitende Adept führt den Kandidaten zu seinem Sitz.
Der Einführungs-Adept erhebt sich und klopft einmal.
Alle erheben sich.

Einführungs-Adept: „*Ehrenwerter Fratres, wir werden jetzt dieses Gewölbe der Adepti Exempti mit den Worten der Danksagung schließen.*
Doch laßt uns nicht nur Worte des Gebetes und der Danksagung sprechen, sondern auch arbeiten."

Erläuterungs-Adept: „*Laborare et orare.*"

Einführungs-Adept: „*Mögen wir dieses Gewölbe mit dem festen Entschluß verlassen, unsere Erlösung mit Willen und Mut zu erringen.*
Auf diese Weise geleitet und unterstützt wird der Adept, der dem Orden treu ist, dem er so ernsthaft im Beisein seiner Fratres beigetreten ist, nicht darin scheitern, seinen großen Lohn zu erhalten."

Erläuterungs-Adept: „*Während wir alle Gott für unsere Leben danken, für unsere Gesundheit und für unseren Fortschritt in der Gemeinschaft der Rose und des Kreuzes, möge unser neu erhobener Frater IHM auch dafür danksagen, daß er die Krone der Adeptenschaft erlangt hat.*"

Einführungs-Adept: *„Fratres, wenn unser Werk getan ist und der der Tod unsere Leben beschließen wird, werden wir von Hoffnung getragen werden.*

So laßt uns nun dieses Gewölbe der Adepti Exempti schließen, indem wir die mystischen Worte dieses Grades sprechen, denn sie geben uns die Hoffnung auf eine glanzvolle Zukunft".

Einführungs-Adept (allein): *„MORS."*   ***** ***   [* = Klopfen]

Erläuterungs-Adept (allein): *„JANUA."*   ***** ***

Leitender Adept (allein): *„VITAE."*   ***** ***

Der leitende Adept schließt die Bibel.

Einführungs-Adept: *„Benedictus Dominus Deus Noster. Gloria Patri, et Filio, et Spiritus Sancto, sicut erat in principio, et nunc, et semper, in saecula saeculorum. Amen."*

- - -

Wie auch bei dem Ritual des Adeptus Major findet sich bei diesem Einweihungsritual der Rosenkreuzer deutlich mehr Moralisches als Magisches. Doch es ist deutlich zu erkennen, daß diese Form des Rituals von seiner Grundstruktur her eng mit dem Ritual des Golden Dawn verwandt ist.

IV Ein neues Ritual

Das folgende Ritual, das einmal als Gruppen-Ritual und einmal als Solo-Ritual formuliert worden ist, ist eine Neuschöpfung, die auf meinen eigenen Erfahrungen mit Ritualen, meinen Meditationen, meinen Traumreisen, meinen Lebensbaum-Forschungen usw. beruht.

Teilweise sind in ihm Elemente verwendet worden, die auch in dem Ritual des Golden Dawn enthalten sind, aber die meisten Strukturen und Elemente sind aus meinen eigenen Erfahrungen entwickelt worden.

Da ich in meinem Buch „Drei Adeptus Major Rituale" die Entwicklung eines solchen Rituals ausführlich beschrieben habe, führe ich hier nur kurz die Elemente auf, die ich in diesem Ritual verwendet habe.

1. Tempel

Das zentrale Motiv des Rituals ist die Auflösung aller Wahrnehmungs-Barrieren, was letztlich bedeutet, daß man alle Informationen erlangen kann. Die wichtigste dieser Informationen ist die über die eigenen früheren Inkarnationen – was Reinkarnations-Wissen, Erb-Erinnerung, Akasha-Chronik, Schicksals-Buch, Reinkarnations-Kino usw. genannt wird. Diese Erinnerungen, also die Gestalten, die man in seinen früheren Inkarnationen gehabt hat, können in der Vision über sie in einem Amphietheater erscheinen, in einem Großen Weißen Haus, in einem Steinkreis, als in einem Kreis stehende Gemeinschaft der früheren Inkarnationen, als eine Tafelrunde, als der Kreis der Schwitzhütten-Stäbe, als ein Kreis von Totempfähle usw.

Der am besten zu diesem Ritual passende Stein ist der Bergkristall: Er ist durchsichtig, hat eine klare Form und besteht aus einem einzigen Molekül, d.h. in ihm ist alles integriert und nichts verdrängt und alles ist vollkommen klar. Er repräsentiert die (mögliche) Allwissenheit, die durch die „Durchsichtigkeit" aller Dinge in Chesed entsteht. Man kann zur Förderung der Klarheit in Chesed in jede Ecke des Tempels einen Bergkristall legen.

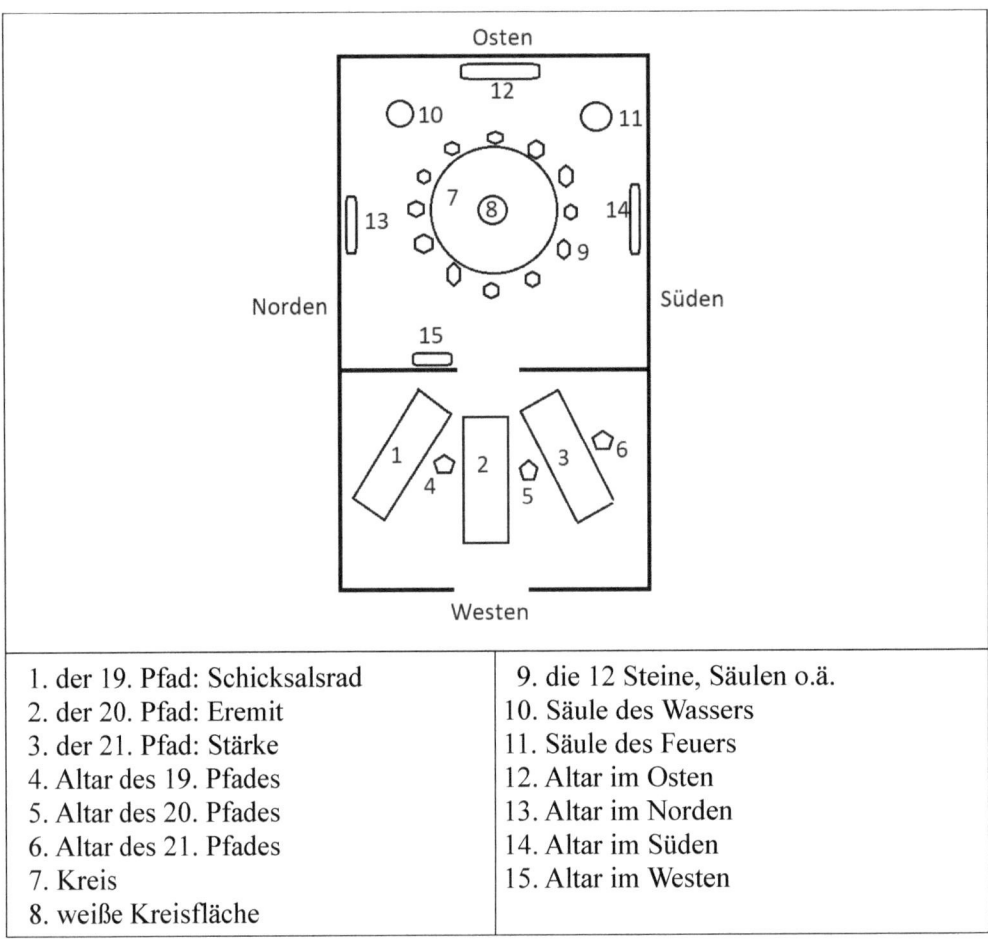

1. der 19. Pfad: Schicksalsrad	9. die 12 Steine, Säulen o.ä.
2. der 20. Pfad: Eremit	10. Säule des Wassers
3. der 21. Pfad: Stärke	11. Säule des Feuers
4. Altar des 19. Pfades	12. Altar im Osten
5. Altar des 20. Pfades	13. Altar im Norden
6. Altar des 21. Pfades	14. Altar im Süden
7. Kreis	15. Altar im Westen
8. weiße Kreisfläche	

2. Magier/Priester

An diesem Ritual nehmen die folgenden Magier teil:
- Magus (Chokmah)
- Shekinah (Binah)
- Schlangen-Priester (Schlange der Weisheit)
- Feuer-Priester (Blitzstrahl der Schöpfung)
- Einzuweihender (mit dem Grad des Adeptus Minor)

3. Wichtige Namen von Chesed

Die wichtigsten Namen in Chesed sind:
- El (Gottesname)
- Tzadkiel (Erzengelname)
- Jupiter (Planetenname)

Die wichtigste Qualität in Chesed ist die Durchsichtigkeit, aus der sich (potentiell) eine Allwissenheit ergibt. Diese Allwissenheit ist zusammen mit der Allmacht die beiden wichtigsten Eigenschaften des Göttervaters (Jupiter, Zeus, Tyr, Shiun, Dagda, Dhyaus, Papaios usw.)

5. die Pfade nach Chesed

Die drei Pfade, die auf dem kabbalistischen Lebensbaum nach Chesed führen, sowie die ihnen zugeordnete Tarotkarte sind:

- der Pfad von Netzach nach Chesed   (Tarot: „Schicksalsrad")
- der Pfad von Tiphareth nach Chesed   (Tarot: „Einsiedler")
- der Pfad von Geburah nach Chesed   (Tarot: „Stärke")

6. Allgemeines

Wie alle Einweihungsrituale hat auch dieses Chesed-Ritual mehrere Aspekte:
- Es gibt dem Streben des Einzuweihenden eine Form.
- Es enthält Belehrungen.
- Es enthält eine Kraftübertragungen durch die, die das Ritual leiten. Die Wirksamkeit dieser Segnungen hängt sowohl von den Fähigkeiten der Segnenden als auch von der Möglichkeiten des Einzuweihenden, diesen Segen anzunehmen, ab.
- Es ist ein Bild des angestrebten Zieles, d.h. das Ritual führt nicht sofort dazu, daß man das Ziel erreicht, aber es zeigt und ebnet den Weg dorthin.
- Die Wirksamkeit eines solchen Rituals kann meistens durch vorherige eigene Meditationen über das Thema des Rituals und durch Traumreisen zu diesem Thema gefördert werden.

A Das Gruppen-Ritual

- Die Eröffnung des Tempels -

Dies findet ohne den Einzuweihenden statt, der draußen vor der Türe des Tempels wartet.

1. Die Vorbereitung des Tempels

Der Feuer-Priester führt das Kleine Pentagramm-Ritual durch.

Der Schlangen-Priester geht von Osten her einmal im Uhrzeigersinn im Kreis innen um den Tempel herum, versprenkelt (geweihtes) Wasser und spricht:

„So muß deshalb zuerst der Priester, der die Arbeiten des Feuers beherrscht, das Weihwasser des lautbrandenden Meeres versprühen.“

Die anwesenden Magier/Priester imaginieren den gesamten Tempel als eine Insel in einem endlosen Meer.

Der Feuer-Priester geht von Osten her einmal im Kreis innen um den Tempel herum, räuchert mit einem Räuchergefäß o.ä. und spricht:

„Und wenn Du, nachdem alle Phantome geflohen sind, das heilige, formlose Feuer siehst – das Feuer, das durch die Tiefen des Universums blitzt und flammt – höre dann die Stimme des Feuers!“

Die anwesenden Magier/Priester imaginieren den gesamten Tempel als eine Insel in einem endlosen Meer, die an ihrem Rand von einer schützenden Waberlohe umgeben ist.

Der Magus steht in der Mitte des Tempels, blickt nach Osten, erhebt die Arme (Haltung der Man-Rune) und spricht:

„Heilig seid Ihr, Herr des Universums!
Heilig seid Ihr, den die Natur nicht erschaffen hat!
Heilig seid Ihr, der Eine-Alles-Einzige!"

Die anwesenden Magier/Priester imaginieren den gesamten Tempel als eine Insel in einem endlosen Meer, die an ihrem Rand von einer schützenden Waberlohe umgeben und die von Licht erfüllt ist.

Der Schlangen-Priester geht von Osten aus im Uhrzeigersinn nacheinander zu den vier Bergkristallen, die in den Ecken des Tempel liegen und spricht bei jedem dieser Steine:

„Auge, erwache!
Klarheit, erwache!
Wissen, erwache!
Erfülle diesen Tempel mit dem alles durchdringenden Licht!"

Die anwesenden Magier/Priester imaginieren den gesamten Tempel als eine Insel in einem endlosen Meer, die an ihrem Rand von einer schützenden Waberlohe umgeben und die von Licht erfüllt ist – und daß dieses Licht nun eine sehr große Klarheit hat.

Der Schlangen-Priester trommelt kurz und alle intensivieren noch einmal die Intensität des klaren Lichtes in dem Raum.

2. Die Weihung des Tempels

a) Die Wasser-Pentagramme

Der Schlangen-Priester zieht im Osten, Süden, Westen und Norden, also viermal, erst das invozierende Geist-Pentagramm, führt dann die Geste des Öffnens des Vorhangs aus, zieht das invozierende Pentagramm des Wassers und führt schließlich den Gruß des Wassers durch, d.h. er bildet mit Zeigefingern und Daumen vor seiner Brust ein gleichseitiges, nach unten weisendes Dreieck (Vorgehen wie im Großen Pentagramm-Ritual).

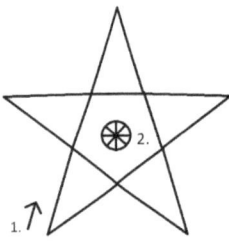

1. „Ha-co-ma"
2. „Agla"

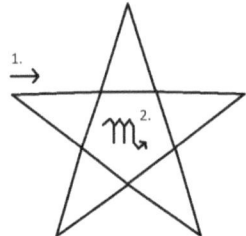

1. „Em-peh Ar-sel Ga-i-ol"
2. „El"

Nach dem Ziehen der viermal zwei Pentagramme spricht der Schlangen-Priester: *„Ich bitte euch Geister des Wassers, erfüllt diesen Tempel."*

b) Die Jupiter-Hexagramme

Der Feuer-Priester zieht im Osten, Süden, Westen und Norden, also viermal, das invozierende Jupiter-Hexagramm.

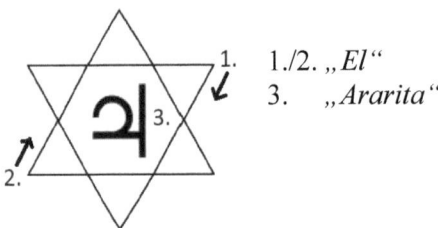

1./2. „El"
3.   „Ararita"

Nach dem Ziehen der vier Hexagramme spricht der Feuer-Priester:
„Ich bitte euch Geister des Jupiters, erfüllt diesen Tempel."

c)   Die Anrufung des El

Der Magus steht in der Mitte des Tempels, erhebt seine Arme (Haltung der Man-Rune) und spricht:

„El, Gott des Wassers!
El, Gott des Jupiters!
El, Gott in Chesed!
Allwissender, Schöpfer, Magier,
Allmächtiger, Gestalter, klares Licht!
Begleite uns heute in diesem Ritual,
Erwecke Chesed in uns,
Erwecke Chesed in dem, der heute nach Dir sucht,
Zeige ihm soviel von Dir, wie er erfassen kann
Und wie es ihn fördert."

Alle drei Priester intonieren („singen") zusammen viermal den Gottesnamen von Geburah:
„El ... El ... El ... El."

d)   Der Segen der Shekinah

Die Shekinah-Priesterin wendet sich schweigend nach Osten, verbindet sich (innerlich) mit Binah, und erfüllt den Platz über dem runden Teppich in der Mitte des Tempels (der das Gewölbe symbolisiert) mit der Qualität von Binah.

e)   Der Abschluß der Tempel-Weihung

Der Magus spricht:
„Der Chesed-Tempel ist geöffnet."

Alle:
„So ist es. Ho!"

3. Die Invokationen durch die vier Adepten

a) Der Schlangen-Priester invoziert die Schlange der Weisheit

„Die Schlange der Weisheit,
Sie ist die Kundalini;
Die Schlange der Weisheit,
Sie ist das Drachenfeuer;
Die Schlange der Weisheit,
Sie ist der Weg den Lebensbaum hinauf.

Schlange der Weisheit,
Du bist der Führer ins Jenseits;
Schlange der Weisheit,
Du bist der Entzünder des Lichts;
Schlange der Weisheit,
Du bist das Feuer in meinem Leib.

Ich bin die Schlange der Weisheit,
ich bin der Fährmann am Jenseitsfluß!
Ich bin die Schlange der Weisheit,
ich bin die Glut in der Dunkelheit!
Ich bin die Schlange der Weisheit,
ich bin die, die die Chakren erweckt!

Evohe!"

b)   Der Feuer-Priester invoziert den Blitzstrahl der Schöpfung

„Der Blitzstrahl der Schöpfung,
Er ist das Schwert Gottes;
Der Blitzstrahl der Schöpfung,
Er ist der Tanz des Einen-Alles-Einzigen;
Der Blitzstrahl der Schöpfung,
Er ist das Licht, das alles erschafft.

Blitzstrahl der Schöpfung,
Du bist der prägende Wille;
Blitzstrahl der Schöpfung,
Du bist das gestaltende Wort;
Blitzstrahl der Schöpfung,
Du bist die Tat, die der Anfang von allem ist.

Ich bin der Blitzstrahl der Schöpfung,
ich bin das Bindhu der Himmelskuh!
Ich bin der Blitzstrahl der Schöpfung,
ich bin das, was in der Hand Gottes ist!
Ich bin der Blitzstrahl der Schöpfung,
ich bin die Perle der Wünsche, der der Drache folgt!

Evohe!“

c) Der Magus invoziert Tzadkiel

„Tzadkiel, Erzengel von Chesed,
Er ist der Erzengel in der Sphäre des Jupiters;
Tzadkiel, Erzengel von Chesed,
Er ist Lehrer der Baumeister;
Tzadkiel, Erzengel von Chesed,
Er ist der Weise, der die Geheimnisse des Friedens kennt.

Tzadkiel, Erzengel von Chesed,
Du bist der mit den blauen Flügeln;
Tzadkiel, Erzengel von Chesed,
Du bist der mit den klaren Augen;
Tzadkiel, Erzengel von Chesed,
Du bist der mit dem weiten Herzen.

Ich bin Tzadkiel, Erzengel von Chesed,
ich bin der, der das Wasser bringt!
Ich bin Tzadkiel, Erzengel von Chesed,
ich bin der, der den Jupiter erweckt!
Ich bin Tzadkiel, Erzengel von Chesed,
ich bin der, der Gottes Gnade gewährt!

Evohe!"

d)   Die Shekinah-Priesterin invoziert Shekinah

„Shekinah, Göttin von Binah,
Sie ist die Große Mutter;
Shekinah, Göttin von Binah,
Sie ist Ama und Aima;
Shekinah, Göttin von Binah,
Sie ist die, in der alle Geborgenheit finden.

Shekinah, Göttin von Binah,
Du bist die, nach der alle streben;
Shekinah, Göttin von Binah,
Du bist das Geheimnis im Hügelgrab;
Shekinah, Göttin von Binah,
Du bist das Leuchten in der Mitte des Steinkreises.

Ich bin Shekinah, Göttin von Binah,
ich bin die, die die Schwitzhütte ist!
Ich bin Shekinah, Göttin von Binah,
ich bin die Weiße, die Große, die Neblig-Leuchtende!
Ich bin Shekinah, Göttin von Binah,
ich bin die Quelle des Lebens!

Evohe!"

e)   Abschluß der vier Invokationen

Kurze Pause, in der alle die Kräfte in dem Tempel und in den drei Priestern und in der Priesterin spüren.

Der Shekinah-Priester spricht:
„Das Chesed-Ritual kann beginnen."

- Der Adeptus Major -

4. Das Einlassen des Adeptus Major

Der Einzuweihende steht vor der Türe zum Vorraum des Tempels. Der Einzuweihende trägt ein einfaches Gewand oder – wenn es dem Stil der Gruppe von Magiern entspricht, die dieses Ritual durchführen – das Gewand des Adeptus Major.

Der Schlangenpriester öffnet die Türe.

Schlangen-Priester: *„Adeptus Major XXX, Du bist einen langen Weg gegangen – von Malkuth über die Schwelle nach Yesod, Hod und Netzach und weiter über den Graben nach Tiphareth und Geburah. Bist Du bereit, noch weiter zu gehen?"*

Einzuweihender: *„Ja, ich will und werde weitergehen."*

Schlangen-Priester: *„Du bist schon acht Schritte gegangen:*
- Du hast vor den Toren des Tempels als Neophyt gelernt, Entschlüsse zu fassen.
- Du hast in Malkuth als Zelator die Qualität der Erde erworben und gelernt, Dinge zu unterscheidenden. Dort ist Dir Dein Leib bewußt geworden.
- Du hast in Yesod als Theoricus die Qualität des Mondes erworben und gelernt, die Lebenskraft zu sehen und zu lenken und die Kundalini in Dir zu erwecken. Dort ist Dir Dein Wurzelchakra bewußt geworden.
- Du hast in Hod als Praktikus die Qualität des Merkur erworben und gelernt, Dinge klar zu sehen und ihre Strukturen und Dynamiken zu erkennen. Dort ist Dir Dein Hara bewußt geworden.
- Du hast in Netzach als Philosophus die Qualität der Venus erworben und gelernt, die in allem wirkenden Kräfte zu spüren, zu fühlen und ihr Wesen zu erfassen. Dort ist Dir Dein Sonnengeflecht bewußt geworden.
- Du hast am Graben als Anwärter auf den inneren Orden im Portal-Grad die Fähigkeit des Übergangs von der Psyche zu der Seele erworben und gelernt, die Strahlen der Sonne von der Sonne selber zu unterscheiden – Deine Gefühle und Deine Mitte als zwei verschiedene, aber nicht getrennte Dinge zu erfassen. Dort sind Dir Dein Wunschbaum und Dein Thmyuschakra bewußt geworden.
- Du hast in Tiphareth als Adeptus Minor die Qualität der Sonne erworben und gelernt, Deine Seele zu sehen und mit Deiner Seele zu sprechen und ihre

Absicht für dieses Leben als die Dynamik Deines Krafttieres und als die Haltung Deiner Kraftpflanze und als die Struktur Deines Kraftsteines zu erleben. Dort ist Dir Dein Herzchakra bewußt geworden.

- Du hast in Geburah als Adeptus Major die Qualität des Mars erworben und gelernt zu handeln und Du hast gesehen, wie die Erfahrungen eines Lebens sich in die Seele hinein auflösen und wie aus der Seele der Impuls zu einem neuen Leben hervorkeimt. Dort ist Dir Dein Halschakra bewußt geworden.

- Willst Du nun in Chesed als Adeptus Exemptus die Qualität des Jupiters erwerben und lernen, die Gesamtheit Deiner Seele zu erfassen und aus ihr heraus zu leben? Willst Du Dir nun Deines Dritten Auges bewußt werden und es öffnen?"

Einzuweihender: *„Ja, ich will."*

Schlangen-Priester: *„Bist Du bereit, alles zu sehen? Und das ist wörtlich gemeint: alles. Alles in Dir und alles in der äußeren Welt und alles in der inneren Welt."*

Einzuweihender: *„Ja, ich bin bereit."*

Schlangen-Priester: *„Bist Du bereit, Deine Augen zu öffnen?*

Einzuweihender: *„Ja, ich bin bereit."*

Schlangen-Priester: *„Bist Du bereit, die Verantwortung für Dein Leben vollständig zu ergreifen und in Deine Hand zu nehmen?"*

Einzuweihender: *„Ja, ich bin bereit."*

Schlangen-Priester: *„Dann gehe jetzt als erstes den Pfad des Schicksalsrades von Netzach über den Graben nach Chesed; dann gehe als zweites den Pfad des Einsiedlers von Tiphareth nach Chesed; und dann gehe als drittes den Pfad der Stärke von Geburah nach Chesed. Bist Du dazu bereit?"*

Einzuweihender: *„Ja, ich bin bereit."*

Schlangen-Priester: *„Dann betrete nun den Vorraum des Tempels.*

- Die drei Pfade -

Im Vorraum des Tempels sind die drei Pfade markiert worden. Dies können drei lange, schmale Teppiche oder eine Markierung auf dem Fußboden oder ähnliches sein. Alle drei Pfade führen zu dem Tor in den Tempel.

Auf den Pfaden bzw. neben den Pfaden steht auf einem Ständer oder auf einem kleinen Altar ein Bild des Lebensbaumes, auf dem der betreffende Pfad markiert ist, und die zu dem Pfad gehörige Tarotkarte sowie jeweils zwei verschiedenfarbige Kerzen: Netzach-Chesed – grün und blau; Tiphareth-Chesed – gelb und blau; Geburah-Chesed: rot und blau.

5.   Von Netzach nach Chesed

Schlangen-Priester: *„Du stehst am Anfang des 21. Pfades auf dem kabbalistischen Lebensbaum. Er ist ein gerader Aufstieg auf der Säule des Feuers.*
Mache nun die Geste des Öffnens des Schleiers.
Betrete nun den Anfang dieses Pfades."

Der Einzuweihende macht die Geste des Öffnens des Schleiers und betritt den Pfad.

Schlangen-Priester: *„Dieser Pfad führt von Netzach nach Chesed. Du verläßt nun den Bereich der Gefühle und näherst Dich dem Bereich der Absichten. Gehe einen Schritt."*

Der Einzuweihende geht einen Schritt.

Schlangen-Priester: *„Auf diesem Pfad kannst Du die Weisheit des Lebensrades finden. Die Gefühle glühen im Augenblick auf und sind wandelbar wie jeder Punkt auf der Felge. Aber sie geben Dir Orientierung wie die Speichen, die von der Felge zur Achse führen. Willst Du sehen, was sich in dieser Achse befindet?*
Deine Gefühle ermöglichen Dir, Deine Seele als den Ursprung Deiner Gefühle zu erkennen. Deine Gefühle zeigen Dir Deinen Weg – sie kommen als schöpferische Impulse aus dem Innen und sie bewerten das Außen. Daher sind sie so beweglich und veränderlich – sie leben im Hier und Jetzt, sie existieren nur im Augenblick.
Und nun näherst Du Dich den Werten, den Absichten und den Zielen, an denen sich Deine Gefühle orientieren, zu deren Verwirklichung und Erleben Dich Deine Gefühle lenken.
Gehe nun von dem Bach zur Quelle. Gehe einen Schritt."

Der Einzuweihende geht einen Schritt.

Schlangen-Priester: *„Dieser Pfad führt von der grünen Venus zum blauen Jupiter. Gehe einen Schritt und entzünde die grüne Kerze der Venus und die blaue Kerze des Jupiters auf dem Altar mit der Tarotkarte 'Lebensrad'.“*

Der Einzuweihende tut dies.

Schlangen-Priester: *„Auf diesem Pfad fließt die Lebenskraft vom Sonnengeflecht hinauf zum Dritten Auge und von dort wieder hinab zu dem Sonnengeflecht.*
Hier verbindest Du Dein Körpergefühl mit Deiner Orientierung in der Welt, hier ordnest Du Deine Silberschnüre, die Dich im Bereich der Lebenskraft mit anderen Menschen verbinden, Deinen Zielen unter.
Wenn Du das tun willst, dann gehe einen Schritt.“

Der Einzuweihende geht einen Schritt.

Schlangen-Priester: *„Auf diesem Pfad reicht der Erzengel Haniel Deine Hand an den Erzengel Tzadkiel weiter.*
Sie zeigen Dir gemeinsam die Wurzel Deiner Gefühle.
Gehe einen Schritt.“

Der Einzuweihende geht einen Schritt.

Schlangen-Priester: *„Die Weisheit aus dem Sepher Yezirah zu diesem Pfad lautet:*

Der einundzwanzigste Pfad heißt 'Intelligenz der Unterstützung und Belohnung' und wird so genannt, weil er den göttlichen Einfluß empfängt und durch seinen Segen auf alle Existenzen wirkt.

Dieser Pfad kann Dir zeigen, wie sich Deine Gefühle und Motivationen aus den Absichten und Strukturen Deiner Seele ergeben.
Wenn Du das erkennen und erleben willst, dann gehe zum Ende des 21. Pfades und mache die Geste des Öffnens des Schleiers.“

Der Einzuweihende tut dies.

Schlangen-Priester: *„Gehe nun zum Anfang des 20. Pfades.*

Der Einzuweihende tut dies.

6. Von Tiphareth nach Chesed

Schlangen-Priester: *„Du stehst am Anfang des 20. Pfades auf dem kabbalistischen Lebensbaum. Er ist ein schräger Aufstieg von der Mittleren Säule zu der Säule des Feuers.*
Mache nun die Geste des Öffnens des Schleiers.
Betrete nun den Anfang dieses Pfades."

Der Einzuweihende macht die Geste des Öffnens des Schleiers und betritt den Pfad.

Schlangen-Priester: *„Dieser Pfad führt von Tiphareth nach Chesed. Du verläßt nun den Bereich der Absichten für diese Inkarnation und näherst Dich dem Bereich des umfassenden Plans. Gehe einen Schritt."*

Der Einzuweihende geht einen Schritt.

Schlangen-Priester: *„Auf diesem Pfad kannst Du die Weisheit des Einsiedlers finden.*
Die Seele ist auf Deine derzeitige Inkarnation ausgerichtet. Sie will das, was sie für dieses Leben beschlossen hat, mit aller Intensität erleben.
Das, was sie für ihre derzeitige Inkarnation beschlossen hat, was sie für Dein Leben beschlossen hat, reicht weit in die Vergangenheit zurück zu alten Wunden, zu alten Leidensgeschichten, aber auch zu alten Freundschaften und zu altem Wissen. Willst Du das alles in der Stille des Einsiedlers sehen?
Das, was sie für ihre derzeitige Inkarnation beschlossen hat, was sie für Dein Leben beschlossen hat, reicht aber auch weit in die Zukunft hinein zur Auflösung alter Fesseln, zum Öffnen von rostigen Kerkertoren, aber auch zu neuen Zielen, zu neuen Schöpfungen. Willst Du das alles in der Stille des Einsiedlers sehen?
Du näherst Dich dem Ort, wo dies alles sichtbar werden kann, wenn Du bereit dafür bist. Du näherst Dich dem Glasberg, dem Kristallschloß, dem Palast der Winde.
Gehe nun von dem Teich zur Quelle. Gehe einen Schritt."

Der Einzuweihende geht einen Schritt.

Schlangen-Priester: *„Dieser Pfad führt von der goldenen Sonne zum blauen Jupiter.*
Gehe einen Schritt und entzünde die gelbe Kerze der Sonne und die blaue Kerze des Jupiters auf dem Altar mit der Tarotkarte 'Einsiedler'."

Der Einzuweihende tut dies.

Schlangen-Priester: *„Auf diesem Pfad fließt die Lebenskraft vom Herzchakra hinauf zum Dritten Auge und von dort wieder hinab zu dem Herzchakra.*
Hier verbindest Du Deine eigene Mitte mit Deiner Orientierung in der Welt, hier nutzt Du die Möglichkeiten in der Welt, um das, was Du im Herzchakra als Same bist, zu einer konkreten Pflanze werden zu lassen.
Wenn Du das tun willst, dann gehe einen Schritt. "

Der Einzuweihende geht einen Schritt.

Schlangen-Priester: *„Auf diesem Pfad reicht der Erzengel Raphael Deine Hand an den Erzengel Tzadkiel weiter.*
Sie zeigen Dir gemeinsam den Grund für Deine Geburt, für Dein Horoskop, für Deine Eltern, für Deine Kultur.
Gehe einen Schritt. "

Der Einzuweihende geht einen Schritt.

Schlangen-Priester: *„Die Weisheit aus dem Sepher Yezirah zu diesem Pfad lautet:*

Der zwanzigste Pfad heißt 'Intelligenz des Willens' und wird so genannt, weil er das Mittel ist, durch das alle Kreaturen und jede einzelne von ihnen im Besonderen für die Darstellung der uranfänglichen Weisheit vorbereitet werden.

Dieser Pfad kann Dir zeigen, wie sich Deine derzeitige Inkarnation aus den Absichten und Strukturen Deiner Seele ergeben hat.
Wenn Du das erkennen und erleben willst, dann gehe zum Ende des 20. Pfades und mache die Geste des Öffnens des Schleiers. "

Der Einzuweihende tut dies.

Schlangen-Priester: *„Gehe nun zum Anfang des 19. Pfades.*

Der Einzuweihende tut dies.

7. Von Geburah nach Chesed

Schlangen-Priester:
„Du stehst am Anfang des 19. Pfades auf dem kabbalistischen Lebensbaum. Er ist ein waagerechter Weg von der Säule des Wassers zu der Säule des Feuers.
Mache nun die Geste des Öffnens des Schleiers.
Betrete nun den Anfang dieses Pfades."

Der Einzuweihende macht die Geste des Öffnens des Schleiers und betritt den Pfad.

Schlangen-Priester: *„Dieser Pfad führt von Geburah nach Chesed. Du verläßt nun den Bereich des Ringens um Entscheidungen und näherst Dich dem Bereich der Ziele. Gehe einen Schritt."*

Der Einzuweihende geht einen Schritt.

Schlangen-Priester: *„Auf diesem Pfad kannst Du die Weisheit der Stärke finden.*
Die Kraft erschafft alle Dinge – die Weisheit lenkt die Kraft, damit sie Sinnvolles erschafft und zu Glück statt zu Leid führt. Erst die Ziele lassen die Handlungen schöpferisch werden. Willst Du den wilden Löwen in Dir bändigen? Durch Weisheit statt durch Strenge?
Die Kraft erhält das Erschaffene – bis einst eine stärkere Kraft kommt und das Alte auflöst und verwandelt. Die wahre Kraft fürchtet nicht ihren Tod. Erst der wird zum Krieger, der seinen Zielen treu ist und den Tod nicht fürchtet. Willst Du den wilden Löwen in Dir bändigen? Durch Freundlichkeit statt durch Härte?
Und nun näherst Du Dich in Deiner Seele dem, was den Handlungen Deiner Seele die Richtung gegeben hat, das Ziel, den Wunsch. An diesem Ort findest Du den Grund für das Toben des Wassers im Sturm, an der Klippe, in der Flut.
Gehe nun von dem Wasserfall zur Quelle. Gehe einen Schritt."

Der Einzuweihende geht einen Schritt.

Schlangen-Priester: *„Dieser Pfad führt vom roten Mars zum blauen Jupiter.*
Gehe einen Schritt und entzünde die rote Kerze des Mars und die blaue Kerze des Jupiters auf dem Altar mit der Tarotkarte 'Stärke'."

Der Einzuweihende geht einen Schritt.

Schlangen-Priester: „*Auf diesem Pfad fließt die Lebenskraft vom Halschakra hinauf zum Dritten Auge und von dort wieder hinab zu dem Halschakra.*

Hier konkretisierst Du Deine Selbstausdrucks-Impulse, die Du der Welt zeigst, zu konkreten Selbstausdrucks-Plänen, die Du in der Welt verwirklichst.

Wenn Du das tun willst, dann gehe einen Schritt."

Der Einzuweihende geht einen Schritt.

Schlangen-Priester: „*Auf diesem Pfad reicht der Erzengel Samael Deine Hand an den Erzengel Tzadkiel weiter.*

Sie zeigen Dir gemeinsam, wie sich Deine innersten Ziele Leben für Leben zu Inkarnationen konkretisieren und sich so entfalten.

Gehe einen Schritt."

Der Einzuweihende geht einen Schritt.

Schlangen-Priester: „*Die Weisheit aus dem Sepher Yezirah zu diesem Pfad lautet:*

Der neunzehnte Pfad heißt 'Intelligenz des Geheimnisses aller Tätigkeiten der geistigen Wesen' und wird so genannt wegen des Einflusses, der von ihm ausgeht und den er von dem allerhöchsten und feinsten Strahlen erhält.

Dieser Pfad kann Dir zeigen, welche Motivationen und Kräfte vor Deiner derzeitigen Inkarnation am stärksten gewesen sind und wie sie Dein derzeitiges Leben prägen.

Wenn Du das erkennen und erleben willst, dann gehe zum Ende des 21. Pfades und mache die Geste des Öffnens des Schleiers."

Der Einzuweihende tut dies.

Schlangen-Priester: „*Gehe nun zum Tor des Tempels.*"

Der Einzuweihende tut dies.

- Chesed -

Der Einzuweihende steht am Tor zum Tempel; der Schlangen-Priester steht neben ihm.

Im Tempel steht innen am Tor der Feuer-Priester; der Magus steht rechts (Süden) vor der Säule des Feuers und die Shekinah steht links (Norden) vor der Säule des Wassers.

8. Das Große Weiße Haus

Der Tempel ist weitgehend in blau gehalten.

Kurz vor der Ostseite des Tempels stehen die beiden Säulen des Feuers (Süden) und des Wassers (Norden). Zwischen ihnen steht ganz im Osten vor der Tempelwand ein weiß-goldener Altar, der den Weg zu Kether symbolisiert.

In Westen, Norden und Süden steht jeweils ein kleiner Altar mit einer Kerze an der Tempelwand.

In der Mitte des Tempels, also zwischen dem Eingang und den beiden Säulen, steht ein Kreis aus 12 Säulen oder aus 12 Menhiren oder aus 12 Stäben oder aus 12 Totempfählen oder aus 12 Grabsteinen oder aus 12 Statuen oder ähnlichem. In der Mitte dieses Kreises befindet sich auf dem Fußboden eine weiße Kreisfläche (evtl. ein runder weißer Teppich).

Der Schlangen-Priester öffnet die Tür zwischen dem Vorraum und dem Tempel und leitet den Einzuweihenden auf die Schwelle dieser Tür.

Schlangen-Priester: *„Willst Du den Chesed-Tempel der Adepti Exempti betreten, um selber ein Adeptus Exemptus zu werden?"*

Einzuweihender: *„Ja, ich will."*

Feuer-Priester:
„Nur Tote dürfen das Große Weißstrahlende Haus betreten.
Nur Seelen erlangen Eintritt in den Turm des Lichtes.
Nur die, die sehen wollen, können in den Tempel von Chesed eintreten.
Ich bin der Wächter am Tor – ich werde sonst niemanden einlassen."

Schlangen-Priester: *„Wie kann der Suchende dieses Haus betreten?"*

Feuer-Priester:
„Jeder Lebende wird hier den Grund für seine Inkarnation erfahren.
Jeder, der noch einen Körper hat, wird hier zu sehen beginnen.
Jeder, der noch Ängste hat, wird hier seinen Ängsten begegnen.

Wenn Du dieses Haus betrittst,
wirst Du erfahren, wer Du bist.
Wenn Du dieses Haus betrittst,
wirst Du eine der fast endlos vielen weißstrahlenden Seelen in ihm werden.
Wenn Du dieses Haus betrittst,
mußt Du anschließend immer Deiner Wahrheit folgen. "

Schlangen-Priester (an den Einzuweihenden gewandt): *„ Bist Du dafür bereit? "*

Einzuweihender: *„Ja. "*

Feuer-Priester: *„ Dann tritt ein. "*

Der Schlangen-Priester führt den Einzuweihenden über die Schwelle in den Tempel.

9. Öffnen des Dritten Auges

Alle stehen im Westen und blicken nach Westen.

Schlangen-Priester: „*Willst Du sehend werden?*"

Einzuweihender: „*Ja.*"

Schlangen-Priester: „*Dann öffne Deine Augen.*"

Der Schlangen-Priester entzündet eine dunkelblaue Kerze auf dem kleinen Altar im Westen.

Schlangen-Priester: „*Mache die Geste des Öffnens des Schleier nach Westen hin.*"

Der Einzuweihende führt die Geste durch.

Schlangen-Priester: „*Schau, ahne, sehe, spüre das, was Du im Westen im Reich des Wassers noch nicht gesehen hast. Was ist das?*"

Der Einzuweihende schaut innerlich, was er sieht, und spricht es dann aus.

Schlangen-Priester: „*Kannst Du es willkommen heißen?*"

Einzuweihender: „*Ja.*"

Schlangen-Priester: „*Dann heiße es willkommen.*"

Einzuweihender:
„*XXX* (das, was er gesehen hat), *ich sehe Dich.*
XXX, Du bist mir willkommen.
XXX, Du bist Teil dieser Welt und Teil von mir."

Schlangen-Priester: „*Ho!*"

- Norden -

Alle stehen im Norden und blicken nach Norden.

Shekinah: „*Willst Du sehend werden?*"

Einzuweihender: „*Ja.*"

Shekinah: „*Dann öffne Dein Auge.*"

Shekinah entzündet eine braune Kerze auf dem kleinen Altar im Norden.

Shekinah: „*Mache die Geste des Öffnens des Schleier nach Norden hin.*"

Der Einzuweihende führt die Geste durch.

Shekinah: „*Schau, ahne, sehe, spüre das, was Du im Norden im Reich der Erde noch nicht gesehen hast. Was ist das?*"

Der Einzuweihende schaut innerlich, was er sieht, und spricht es dann aus.

Shekinah: „*Kannst Du es willkommen heißen?*"

Einzuweihender: „*Ja.*"

Shekinah: „*Dann heiße es willkommen.*"

Einzuweihender:
„*XXX* (das, was er gesehen hat)*, ich sehe Dich.*
XXX, Du bist mir willkommen.
XXX, Du bist Teil dieser Welt und Teil von mir."

Shekinah: „*Ho!*"

63

- Süden -

Alle stehen im Süden und blicken nach Süden.

Magus: „*Willst Du sehend werden?*"

Einzuweihender: „*Ja.*"

Magus: „*Dann öffne Dein Drittes Auge.*"

Der Magus entzündet eine rote Kerze auf dem kleinen Altar im Süden.

Magus: „*Mache die Geste des Öffnens des Schleier nach Süden hin.*"

Der Einzuweihende führt die Geste durch.

Magus: „*Schau, ahne, sehe, spüre das, was Du im Süden im Reich des Feuers noch nicht gesehen hast. Was ist das?*"

Der Einzuweihende schaut innerlich, was er sieht, und spricht es dann aus.

Magus: „*Kannst Du es willkommen heißen?*"

Einzuweihender: „*Ja.*"

Magus: „*Dann heiße es willkommen.*"

Einzuweihender:
„*XXX* (das, was er gesehen hat), *ich sehe Dich.*
XXX, Du bist mir willkommen.
XXX, Du bist Teil dieser Welt und Teil von mir."

Magus: „*Ho!*"

- Osten -

Alle stehen im Osten und blicken nach Osten.

Feuer-Priester: „*Willst Du sehend werden?*"

Einzuweihender: „*Ja.*"

Feuer-Priester: „*Dann heiße die Durchsichtigkeit aller Dinge willkommen.*"

Der Feuer-Priester entzündet eine hellblaue Kerze auf dem Altar im Osten.

Feuer-Priester: „*Mache die Geste des Öffnens des Schleier nach Osten hin.*"

Der Einzuweihende führt die Geste durch.

Feuer-Priester: „*Schau, ahne, sehe, spüre das, was Du im Osten im Reich der Luft noch nicht gesehen hast. Was ist das?*"

Der Einzuweihende schaut innerlich, was er sieht, und spricht es dann aus.

Feuer-Priester: „*Kannst Du es willkommen heißen?*"

Einzuweihender: „*Ja.*"

Feuer-Priester: „*Dann heiße es willkommen.*"

Einzuweihender:
„*XXX* (das, was er gesehen hat)*, ich sehe Dich.*
XXX, Du bist mir willkommen.
XXX, Du bist Teil dieser Welt und Teil von mir."

Feuer-Priester: „*Ho!*"

10. Die vorige Inkarnation

Der Schlangen-Priester geleitet den Einzuweihenden in den Steinkreises, wo er ihn mit dem Blick nach Westen gewandt zwischen den Stein (Säule, Stab, Totempfahl, Statue, Grabstein o.ä.) ganz im Westen des Steinkreises und der weißen Kreisfläche in der Mitte des Steinkreises stellt.

Schlangen-Priester: *„Willst Du Deine vorige Inkarnation sehen?"*

Einzuweihender: *„Ja."*

Feuer-Priester:
„Dann blicke auf den Stein (Stab, Säule o.ä.) *vor Dir im Westen.*
Er ist das Tor zu Deiner Erinnerung.
Er ist das, was Du gewesen bist.
Er enthält Dein voriges Leben.
Mache die Geste des Öffnens des Schleiers –
dann wird sich das Tor öffnen,
dann wird sich Dir Dein voriges Leben zeigen,
dann wird die Zeit für Dich durchsichtig werden.
Öffne nun den Schleier."

Der Einzuweihende macht die Geste des Öffnens des Schleiers.

Schlangen-Priester: *„Was siehst Du? Sprich es aus."*

Der Einzuweihende beschreibt, was er sieht.
Dabei läßt sich der Einzuweihende so viel Zeit, wie er dafür braucht.

Schlangen-Priester: *„Willst Du noch weiter gehen?"*

Einzuweihender: *„Ja."*

Feuer-Priester: *„Dann reiche dem, was Du gesehen hast, Deine Hand, und heiße es in Deinem Leben willkommen."*

Der Einzuweihende tut dies.

11. Der Kreis der eigenen Inkarnationen

Feuer-Priester: *„Gehe zu jedem der Steine in diesem Kreis und führe die Geste des Öffnens des Schleiers durch. Heiße alle Deine früheren Inkarnationen willkommen. Lade sie ein, hierher zu kommen und Dir sichtbar zu werden.*

Vielleicht sind es 12, vielleicht mehr, vielleicht weniger – die 12 Steine stehen symbolisch für die Gesamtheit Deiner Inkarnationen."

Der Einzuweihende geht von Westen aus im Uhrzeigersinn im Kreis herum und führt vor jedem Stein die Geste des Öffnens des Schleiers durch.

Der Einzuweihende sollte sich dabei Zeit lassen und dabei wie auf einer Traumreise schauen, was er wahrnimmt.

Schlangen-Priester:

„Siehe die weißen Gestalten aus Lebenskraft – Deine früheren Inkarnationen. Sie freuen sich, Dich zu sehen. Sie sind die Wurzeln Deiner Fähigkeiten, Deiner Leiden, Deiner Talente, Deiner Freundschaften – und in jedem Leben fügst Du zu all dem etwas hinzu und verwandelst Altes und entwickelst es weiter.

Siehe ihre Gesichter – welche Gefühle tragen sie in sich? All diese Gefühle leben in Dir weiter. Du hast sie in Deinen ersten drei Lebensjahren neu in Deinem Leben inszeniert.

Siehe ihre Gestalten – sie sind alt oder jung, Mann oder Frau, stark oder schwach, haben eine klare Form oder haben verschwommene Umrisse. Sie sind Deine Vergangenheit.

Schaue, spüre, ob Du ihnen etwas sagen willst, ob Du sie etwas fragen willst. Und dann tu das."

Hier wird das Ritual mehr zu einer Traumreise als zu einem Ritual.

Der Einzuweihende sollte sich soviel Zeit dafür lassen, wie er braucht.

Schlangen-Priester: *„Schaue, frage, was das Wichtigste ist."*

Der Einzuweihende fragt innerlich.

Schlangen-Priester: *„Was ist das Wichtigste?"*

Der Einzuweihende spricht es aus.

Schlangen-Priester: „*Willst Du diesem Wichtigsten den Platz in Deinem Leben geben, den es braucht, damit es Dein Leben bereichern kann?*"

Einzuweihender: „*Ja, das werde ich tun.*"

Feuer-Priester: „*Knie Dich nieder und lege Deine rechte Hand auf die Erde als Zeichen, daß Du alles, was Du bist, entfalten und gedeihen lassen wirst – ein jegliches in Dir im rechten Maß.*"

Der Einzuweihende tut dies.

12. Das Weiße Licht

Schlangen-Priester: *„Gehe in die Mitte des Kreises auf die weiße Fläche."*

Der Einzuweihende tut dies.

Die drei Magier und Shekinah betreten den Steinkreis und stellen sich rings um den Einzuweihenden zwischen die Steine und der weißen Fläche in der Mitte: der Schlangen-Priester im Westen, Shekinah im Süden, der Magus im Norden und der Feuer-Priester im Osten.

Magus zu dem Einzuweihenden: *„Führe die Übung der Mittleren Säule durch."*

Der Einzuweihende macht dies.

Alle intonieren gemeinsam die Gottesnamen, um die Anrufung des Lichtes, die der Einzuweihende für sich selber durchführt, zu unterstützen:
„Eheieh ...
Yod-he-Vau-he Elohim ...
Yod-He-Vau-He Eloah va-Da'ath ...
Shaddai el Chai ...
Adonai ha-Aretz."

Magus:
„Ich bin das Licht der Weisheit.
Ich komme von Kether.
Ich bin in dem Lichtsturm von Chokmah geboren worden.
Mein Anfang ist in Kether,
meine Ausdehnung ist endlos,
meine Helligkeit hat keine Grenzen.
Ich bin das Licht des Blitzstrahles der Schöpfung,
das in allem ist und das alles lebendig werden läßt.
Ich bin das Herz der Seele in Chesed.
Ich bin die höchste Form,
die ein abgegrenztes Wesen annehmen kann.
Ich bin das Licht.
Ich bin Dein eigener Schöpfungsimpuls.
Ich bin Deine Essenz."

Die drei Magier und die Magierin imaginieren während dieser Verse, wie das weiße Licht, daß durch die Übung der Mittleren Säule in den Einzuweihenden gerufen worden ist, immer heller und gleißender wird und immer stärker in dem Einzuweihenden strahlt.

Magus: *„Führe die Übung der Mittleren Säule ein zweitesmal durch."*

Der Einzuweihende macht dies.
Alle intonieren wieder gemeinsam die Gottesnamen:
„Eheieh ...
Yod-he-Vau-he Elohim ...
Yod-He-Vau-He Eloah va-Da'ath ...
Shaddai el Chai ...
Adonai ha-Aretz."

Shekinah:
„Deine früheren Leben stehen hier im Kreis rings um Dich.
Sie alle wurden gezeugt und geboren, lebten und starben.
Sie kamen von Chesed und gingen nach Malkuth
uns kehrten reich beladen nach Chesed zurück.
Das Große Weiße Haus ist Dein Tempel.
Der Weiße Strahlende Turm ist Deine Schatzkammer.
Der Steinkreis ist Du als Deine Gemeinschaft mit Deinen eigenen Inkarnationen.
Der Kreis der Totempfähle sind Deine Erlebnisse.
Der Kreis der Stäbe der Schwitzhütte ist Deine Heimat.
Der Kreis der Säulen ist der Tempel Deiner Leben, den Du erschaffen hast.
Das alles bist Du
das alles ist in Dir
und in dem allen bist Du.
Du bist der Same und die Knospe und Die Frucht.
Du bist der Baum Deiner Seele
und Deine Inkarnationen sind die Zweige dieses Baumes.
Willkommen daheim!"

Magus: *„Führe die Übung der Mittleren Säule ein drittesmal durch."*

Der Einzuweihende macht dies.

Alle intonieren wieder gemeinsam die Gottesnamen:
„*Eheieh ...*
Yod-he-Vau-he Elohim ...
Yod-He-Vau-He Eloah va-Da'ath ...
Shaddai el Chai ...
Adonai ha-Aretz. "

(Das Erleben dieses Weißen Lichtes, das von Chokmah aus nach Chesed kommt, ist das Zentrum von Chesed und es ist daher das wichtigste Erlebnis in Chesed.)

13. Die Durchsichtigkeit

Schlangen-Priester:
„In diesem Tempel wird alles im Raum durchsichtig.
Du kannst nun das Schicksalsbuch öffnen.
In diesem Tempel wird alles im Raum berührbar.
Du kannst nun mit der Kundalini tanzen.
Wenn Du das willst, dann öffne den Schleier für Dein Wurzelchakra."

Der Einzuweihende macht die Geste des Öffnens des Schleiers.

Shekinah:
„In diesem Steinkreis wird alles in der Welt sichtbar.
Du kannst nun die Wissenstafeln lesen.
In diesem Steinkreis verlieren alle Dinge ihre Festigkeit.
Du kannst nun auf dem Weltenbaum reisen.
Wenn Du das willst, dann öffne den Schleier für Dein Hara."

Der Einzuweihende macht die Geste des Öffnens des Schleiers.

Feuer-Priester:
„In diesem Licht-Turm wird die Zeit durchsichtig.
Du kannst nun in der Akashachronik forschen.
In diesem Licht-Turm kannst Du Dich mit allen Dingen verbinden.
Du kannst nun die Lebenskraft lenken.
Wenn Du das willst, dann öffne den Schleier für Dein Sonnengeflecht."

Der Einzuweihende macht die Geste des Öffnens des Schleiers.

Magus:
„In diesem Hügelgrab wird alles Zukünftige sichtbar.
Du kannst nun Allwissenheit erlangen.
In diesem Hügelgrab kannst Du die Dinge außerhalb von Dir lenken.
Du kannst nun das Licht im Tempel entzünden.
Wenn Du das willst, dann öffne den Schleier für Dein Herzchakra."

Der Einzuweihende macht die Geste des Öffnens des Schleiers.

Schlangen-Priester:
„In diesem Säulenrund wird Dein Leib für Dich durchsichtig.
Du kannst nun das Reinkarnationswissen ergreifen.
In diesem Säulenrund können Steine, Bäume und Tiere wie Dein Körper werden.
Du kannst nun den Zauberstab ergreifen.
Wenn Du das willst, dann öffne den Schleier für Dein Halschakra.“

Der Einzuweihende macht die Geste des Öffnens des Schleiers.

Shekinah:
„In diesem Kreis aus Totempfählen wird alles Verborgene in Dir sichtbar.
Du kannst nun die Erberinnerung in Dir erwecken.
In diesem Kreis aus Totempfählen wird Dein Handeln zu Selbstausdruck werden.
Du kannst nun den Lebensbaum erforschen.
Wenn Du das willst, dann öffne den Schleier für Dein Drittes Auge.“

Der Einzuweihende macht die Geste des Öffnens des Schleiers.

Feuer-Priester:
„In diesem Kreis aus Schwitzhütten-Stäben wird jede Wand in Dir durchsichtig.
Du kannst nun durch die Seelenbibliothek wissend werden.
In diesem Kreis aus Schwitzhütten-Stäben wirst Du zum Magier werden.
Du kannst nun die Götter rufen.
Wenn Du das willst, dann öffne den Schleier für Dein Scheitelchakra.“

Der Einzuweihende macht die Geste des Öffnens des Schleiers.

Magus:
„In diesem Kreis aus lebenden Statuen wird Deine Zukunft für Dich sichtbar.
Du kannst nun die Seiten im Buch des Lebens betrachten.
In diesem Kreis aus lebenden Statuen wirst Du Wunder ahnen.
Du kannst nun die wahre Inkarnation Deiner Seele werden.
Wenn Du das willst, dann öffne den Schleier und siehe Deine Seele!.“

Der Einzuweihende macht die Geste des Öffnens des Schleiers.

14. Das Wissen um die Zukunft

Alle fünf Ritual-Teilnehmer stehen wie zuvor in dem Kreis im Tempel.

Feuer-Priester:
„Wenn Du Deine Augen öffnest, kannst Du Dein zukünftiges Leben sehen.
Wenn Du Dein Auge öffnest, kannst Du den Rest Deines Lebens sehen.
Wenn Du Dein Drittes Auge öffnest, kannst Du Deinen Tod sehen."

Schlangen-Priester:
„Öffne den Schleier und Du wirst es sehen.
Öffne das Tor und Du wirst es sehen.
Öffne Dein Drittes Auge und Du wirst es sehen."

Shekinah:
„Wenn Du den Sinn Deines Lebens erkennen willst,
dann blicke auf Deine Seele.
Wenn Du den Sinn Deines Lebens erkennen willst,
dann blicke auf die Absicht Deiner Seele für ihre derzeitige Inkarnation.
Wenn Du den Sinn Deines Lebens erkennen willst,
dann blicke auf das, was Deine Seele für dieses Leben beschlossen hat."

Magus:
„Die Menschen sind unwissend, bevor sie Chesed erreichen
und glauben, daß sie frei sind und alles entscheiden.
Die Menschen werden wissend, wenn sie Chesed erreichen,
denn sie sehen, was ihre Seele beschlossen hat.
Die Menschen werden frei, wenn sie Chesed erreichen,
denn sie werden eins mit ihre Seele, die dieses Leben gestaltet hat."

Feuer-Priester:
„Die Wurzel Deiner Freiheit liegt nicht in Dir,
sondern in Deiner Seele in Chesed.
Die Wurzel der Freiheit liegt nicht in Deiner Seele,
sondern in Deiner Schutzgottheit in Da'ath.
Die Wurzel der Freiheit liegt nicht in Deiner Schutzgottheit,
sondern in Gott in Kether."

Schlangen-Priester:
„Die Freiheit fließt von Gott zu Deiner Schutzgottheit,
von Deiner Schutzgottheit zu Deiner Seele,
von Deiner Seele in Deine Psyche,
von Deiner Psyche in Deinen Leib –
und dort wird sie, wenn Du diese Freiheit wirklich ergreifst, zu Magie.“

Shekinah:
„Du stehst in der Mitte von Chesed. Das ist Deine Seele.
Um Dich her stehen Deine Inkarnationen in einem Kreis. Das ist die Reise Deiner Seele.
Um diesen Kreis herum stehen all die Seelen, die ebenfalls Kinder Deiner Schutzgottheit sind. Das ist Deine Gemeinschaft.“

Magus:
„Willst Du alles sehen und willst Du alles gestalten? Dann öffne noch einmal den Schleier und rufe das Licht durch die Mittlere Säule.“

Der Einzuweihende macht die Geste des Öffnens des Schleiers und führt dann die Übung der Mittleren Säule durch. Alle singen gemeinsam die fünf Gottesnamen:
„Eheieh ...
Yod-he-Vau-he Elohim ...
Yod-He-Vau-He Eloah va-Da'ath ...
Shaddai el Chai ...
Adonai ha-Aretz.“

- Die vier oberen Sephiroth -

Die drei Magier und die Magierin gehen in den Osten des Tempels und stellen sich dort nebeneinander: Shekinah ganz links (Norden), der Feuer-Priester halblinks, der Schlangen-Priester halbrechts und der Magus rechts (Süden).
Der Einzuweihende bleibt in der weißen Kreisfläche stehen und blickt nach Osten.

15. Da'ath

Schlangen-Priester: *„Die Welt wird durchsichtig, wenn Du in Chesed angekommen bist. Blicke nun nach Osten auf die vier oberen Sephiroth des Lebensbaumes.*
Was siehst Du dort?“

Der Einzuweihende schaut innerlich.

Schlangen-Priester: *„In Da'ath beginnt der abgrenzungslose Bereich – der Bereich der grenzenlosen Qualitäten. Hier beginnt das Kontinuum. Die Durchsichtigkeit von Chesed ist der letzte Schritt vor dem Betreten des Bereiches jenseits des Abgrundes. Erst wenn Du alles gesehen hast, kann Du furchtlos das feste Land verlassen und dorthin gehen, wo Form und Leere dasselbe sind.*
Was siehst Du dort?“

Der Einzuweihende schaut innerlich.

Schlangen-Priester: *„Malkuth ist das Reich des Leibes; Yesod, Hod und Netzach sind das Reich der Psyche; Tiphareth, Geburah und Chesed sind das Reich der Seele; und oberhalb von Chesed beginnt das Reich der Götter. In Da'ath wirst Du den Göttern begegnen, in Da'ath betrittst Du das Reich der Mythen, in Da'ath handeln die Göttern gemeinsam miteinander.*
Was siehst Du dort?“

Der Einzuweihende schaut innerlich.

Schlangen-Priester: *„Wenn Du bereit bist, Dich dafür zu öffnen und Hilfe von dort zu empfangen, dann öffne Deine Arme in der Haltung der Man-Rune.“*

Der Einzuweihende tut dies.

16. Binah

Shekinah:

„In Binah ist die Gemeinschaft aller Wesen. Dort ist die Heimat der Götter. Dort ist alles miteinander verbunden.
Was fühlst Du dort?"

Der Einzuweihende schaut innerlich.

Shekinah:

„In Chesed ist alles, was Du bist. In Chesed kannst Du, wenn Du Deinen Blick weitest, alle Seelen sehen, die die Kinder der Schutzgottheit, von der auch Deine Seele ein Kind ist.
In Binah erkennen sich alle und alles als eine Familie – die Familie aller Familien, die Lebens-Sippen. Dort kannst Du die Ordnung aller Wesen finden – und in ihrer Mitte ihren Schöpfungsimpuls sehen, der von Kether als Lichtstrahl in die Mitte des Kreises der Lebewesen gelangt – so wie dieser Lichtstrahl auch über Chokmah nach Chesed in die Mitte Deiner Inkarnationen gelangt.
Was fühlst Du dort?"

Der Einzuweihende schaut innerlich.

Shekinah:

„Binah ist die Mutter. Binah ist das obere Ende der Säule des Wassers. Binah ist Gemeinschaft. Binah ist die Muttergöttin. Binah ist die Weiße Büffelfrau. Binah ist Isis. Binah ist Freya. Binah ist Ama und Aima. Binah ist Maria. Binah ist Hera. Binah ist Inanna. Binah ist Astarte.
Was fühlst Du dort?"

Der Einzuweihende schaut innerlich.

Shekinah: *„Wenn Du bereit bist, Dich dafür zu öffnen und Hilfe von dort zu empfangen, dann Öffne Deine Arme in der Haltung der Man-Rune."*

Der Einzuweihende tut dies.

17. Chokmah

Magus:

„Die Wurzel aller Götter liegt in Chokmah. Dort ist ihr innerster Impuls. Dort dehnen sie sich ungehindert aus. Dort sind sie Lichtstrahlen, ein leuchtender Wind, ein Lichtsturm.
Was kommt von dort?"

Der Einzuweihende schaut innerlich.

Magus:

„Schau – dort ist Ernst und Einsgerichtetheit und Eindeutigkeit und auch Humor angesichts der Unvollkommenheit aller Schöpfung, die auf Chokmah folgt.
Was kommt von dort?"

Der Einzuweihende schaut innerlich.

Magus:

„Der Lichtstrahl, der die Wurzel Deiner Schutzgottheit ist, deren Kind Deine Seele ist, kommt von Chokmah nach Chesed und erschafft dort Deine Seele, die Du in dem Großen Weißen Haus gesehen hast.
Was kommt von dort?"

Der Einzuweihende schaut innerlich.

Schlangen-Priester: *„Wenn Du bereit bist, Dich dafür zu öffnen und Hilfe von dort zu empfangen, dann öffne Deine Arme in der Haltung der Man-Rune."*

Der Einzuweihende tut dies.

18. Kether

Feuer-Priester:
„Siehe das gleißend-weiße Licht.
Was zieht Dich dorthin?"

Der Einzuweihende schaut innerlich.

Feuer-Priester:
„Siehe das, was ungeteilt und in allem ist.
Was zieht Dich dorthin?"

Der Einzuweihende schaut innerlich.

Feuer-Priester:
„Siehe das Eine-Alles-Einzige.
Was zieht Dich dorthin?"

Der Einzuweihende schaut innerlich.

Schlangen-Priester: *„Wenn Du bereit bist, Dich dafür zu öffnen und Hilfe von dort zu empfangen, dann Öffne Deine Arme in der Haltung der Man-Rune."*

Der Einzuweihende tut dies.

- Eigenständigkeit -

19. zum Mitschöpfer werden

Magus: *„Frater XXX, Du bist als Adeptus Major in diesen Tempel gekommen und Du bist hier zum Adeptus Exemptus geworden.*

Zuvor warst Du ein Geschöpf, das seine Wurzeln gesucht hat – nun bist Du ein Mitschöpfer, der seinen Kern gefunden hat.

Du bist über Dich selber bewußt geworden – Du kannst nun aus Deiner Seele heraus leben.

Du bist nun in der Durchsichtigkeit angelangt – dem letzten Bereich vor dem Abgrund, der zu dem abgrenzungslosen Bereich der Götter führt.

Übe das, was Du gesehen hast, was Du vielleicht nur geahnt hast. Öffne den Schleier und rufe das Licht in Dich herab.

Öffne Deine Augen. Öffne Dein Auge. Öffne Dein Drittes Auge. "

- Schließen des Tempels -

20. Das Schließen des Tempels

Der Schlangen-Priester führt den Einzuweihenden aus dem Tempel hinaus in den Raum vor dem Vorraum des Tempels.

Der Schlangen-Priester dankt der Schlange der Weisheit.
Der Feuer-Priester dankt dem Blitzstrahl der Schöpfung.
Shekinah dankt Yod-He-Vau-He Elohim.
Der Magus dankt Jah.

Der Schlangen-Priester führt das Kleine Pentagramm-Ritual durch.

B Das Solo-Ritual

Die Texte und Handlungen sind weitgehend dieselben wie bei dem Gruppenritual – sie werden allerdings alle von dem einzelnen Magier durchgeführt, der den Kontakt zu Chesed herstellen bzw. intensivieren will.

Durch diese Reduzierung des Rituals auf eine einzige Person werden die Texte etwas kürzer, da die Dialoge fortfallen.

- Die Eröffnung des Tempels -

1. Die Vorbereitung des Tempels

Der Magier führt das Kleine Pentagramm-Ritual durch.

Der Magier geht von Osten her einmal im Uhrzeigersinn im Kreis innen um den Tempel herum, versprenkelt (geweihtes) Wasser und spricht:

„So muß deshalb zuerst der Priester, der die Arbeiten des Feuers beherrscht, das Weihwasser des lautbrandenden Meeres versprühen. "

Der Magier imaginiert den gesamten Tempel als eine Insel in einem endlosen Meer.

Der Magier geht von Osten her einmal im Kreis innen um den Tempel herum, räuchert mit einem Räuchergefäß o.ä. und spricht:

„Und wenn Du, nachdem alle Phantome geflohen sind, das heilige, formlose Feuer siehst – das Feuer, das durch die Tiefen des Universums blitzt und flammt – höre dann die Stimme des Feuers!"

Der Magier imaginiert den gesamten Tempel als eine Insel in einem endlosen Meer, die an ihrem Rand von einer schützenden Waberlohe umgeben ist.

Der Magier steht in der Mitte des Tempels, blickt nach Osten, erhebt die Arme (Haltung der Man-Rune) und spricht:

„Heilig seid Ihr, Herr des Universums!
Heilig seid Ihr, den die Natur nicht erschaffen hat!
Heilig seid Ihr, der Eine-Alles-Einzige!"

Der Magier imaginiert den gesamten Tempel als eine Insel in einem endlosen Meer, die an ihrem Rand von einer schützenden Waberlohe umgeben und die von Licht erfüllt ist.

Der Magier geht von Osten aus im Uhrzeigersinn nacheinander zu den vier Bergkristallen, die in den Ecken des Tempel liegen und spricht bei jedem dieser Steine:

„Auge, erwache!
Klarheit, erwache!
Wissen, erwache!
Erfülle diesen Tempel mit dem alles durchdringenden Licht!"

Der Magier imaginiert den gesamten Tempel als eine Insel in einem endlosen Meer, die an ihrem Rand von einer schützenden Waberlohe umgeben und die von Licht erfüllt ist – und daß dieses Licht nun von einer großen Kalrheit erfüllt wird.

Der Magier trommelt kurz und intensiviert noch einmal die Intensität des klaren Lichtes in dem Raum.

2. Die Weihung des Tempels

a) Die Wasser-Pentagramme

Der Magier zieht im Osten, Süden, Westen und Norden, also viermal, erst das invozierende Geist-Pentagramm, führt dann die Geste des Öffnens des Vorhangs aus, zieht das invozierende Pentagramm des Wassers und führt schließlich den Gruß des Wassers durch, d.h. er bildet mit Zeigefingern und Daumen vor seiner Brust ein gleichseitiges, nach unten weisendes Dreieck (Vorgehen wie im Großen Pentagramm-Ritual).

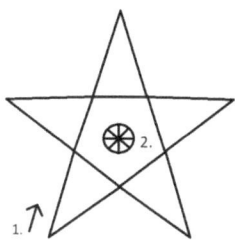

1. „Ha-co-ma"
2. „Agla"

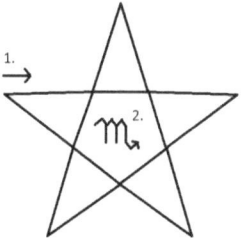

1. „Em-peh Ar-sel Ga-i-ol"
2. „El"

Nach dem Ziehen der viermal zwei Pentagramme spricht der Magier:
„Ich bitte euch Geister des Wassers, erfüllt diesen Tempel."

b) Die Jupiter-Hexagramme

Der Magier zieht im Osten, Süden, Westen und Norden, also viermal, das invozierende Jupiter-Hexagramm.

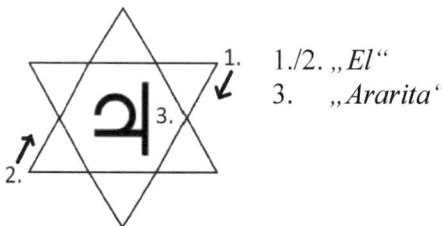

1./2. „El"
3.   „Ararita"

Nach dem Ziehen der vier Hexagramme spricht der Magier:
„Ich bitte euch Geister des Jupiters, erfüllt diesen Tempel."

c) Die Anrufung des El

Der Magier steht in der Mitte des Tempels, erhebt seine Arme (Haltung der Man-Rune) und spricht:

„El, Gott des Wassers!
El, Gott des Jupiters!
El, Gott in Chesed!
Allwissender, Schöpfer, Magier,
Allmächtiger, Gestalter, klares Licht!
Begleite uns heute in diesem Ritual,
Erwecke Chesed in uns,
Erwecke Chesed in dem, der heute nach Dir sucht,
Zeige ihm soviel von Dir, wie er erfassen kann
Und wie es ihn fördert."

Der Magier intoniert („singt") viermal den Gottesnamen von Geburah:
„El ... El ... El ... El."

d) Der Segen der Shekinah

Der Magier wendet sich schweigend nach Osten, verbindet sich (innerlich) mit Binah, und erfüllt den Platz über dem runden Teppich in der Mitte des Tempels (der das Gewölbe symbolisiert) mit der Qualität von Binah.

e) Der Abschluß der Tempel-Weihung

Der Magier spricht:
„Der Chesed-Tempel ist geöffnet.
So ist es. Ho!"

3. Die vier Invokationen

a) Der Magier invoziert die Schlange der Weisheit

„Die Schlange der Weisheit,
   Sie ist die Kundalini;
Die Schlange der Weisheit,
   Sie ist das Drachenfeuer;
Die Schlange der Weisheit,
   Sie ist der Weg den Lebensbaum hinauf.

Schlange der Weisheit,
   Du bist der Führer ins Jenseits;
Schlange der Weisheit,
   Du bist der Entzünder des Lichts;
Schlange der Weisheit,
   Du bist das Feuer in meinem Leib.

Ich bin die Schlange der Weisheit,
   ich bin der Fährmann am Jenseitsfluß!
Ich bin die Schlange der Weisheit,
   ich bin die Glut in der Dunkelheit!
Ich bin die Schlange der Weisheit,
   ich bin die, die die Chakren erweckt!

Evohe!"

b) Der Magier invoziert den Blitzstrahl der Schöpfung

„Der Blitzstrahl der Schöpfung,
Er ist das Schwert Gottes;
Der Blitzstrahl der Schöpfung,
Er ist der Tanz des Einen-Alles-Einzigen;
Der Blitzstrahl der Schöpfung,
Er ist das Licht, das alles erschafft.

Blitzstrahl der Schöpfung,
Du bist der prägende Wille;
Blitzstrahl der Schöpfung,
Du bist das gestaltende Wort;
Blitzstrahl der Schöpfung,
Du bist die Tat, die der Anfang von allem ist.

Ich bin der Blitzstrahl der Schöpfung,
ich bin das Bindhu der Himmelskuh!
Ich bin der Blitzstrahl der Schöpfung,
ich bin das, was in der Hand Gottes ist!
Ich bin der Blitzstrahl der Schöpfung,
ich bin die Perle der Wünsche, der der Drache folgt!

Evohe!"

c)   Der Magier invoziert Tzadkiel

„Tzadkiel, Erzengel von Chesed,
Er ist der Erzengel in der Sphäre des Jupiters;
Tzadkiel, Erzengel von Chesed,
Er ist Lehrer der Baumeister;
Tzadkiel, Erzengel von Chesed,
Er ist der Weise, der die Geheimnisse des Friedens kennt.

Tzadkiel, Erzengel von Chesed,
Du bist der mit den blauen Flügeln;
Tzadkiel, Erzengel von Chesed,
Du bist der mit den klaren Augen;
Tzadkiel, Erzengel von Chesed,
Du bist der mit dem weiten Herzen.

Ich bin Tzadkiel, Erzengel von Chesed,
ich bin der, der das Wasser bringt!
Ich bin Tzadkiel, Erzengel von Chesed,
ich bin der, der den Jupiter erweckt!
Ich bin Tzadkiel, Erzengel von Chesed,
ich bin der, der Gottes Gnade gewährt!

Evohe!“

d)   Der Magier invoziert Shekinah

„Shekinah, Göttin von Binah,
Sie ist die Große Mutter;
Shekinah, Göttin von Binah,
Sie ist Ama und Aima;
Shekinah, Göttin von Binah,
Sie ist die, in der alle Geborgenheit finden.

Shekinah, Göttin von Binah,
Du bist die, nach der alle streben;
Shekinah, Göttin von Binah,
Du bist das Geheimnis im Hügelgrab;
Shekinah, Göttin von Binah,
Du bist das Leuchten in der Mitte des Steinkreises.

Ich bin Shekinah, Göttin von Binah,
ich bin die, die die Schwitzhütte ist!
Ich bin Shekinah, Göttin von Binah,
ich bin die Weiße, die Große, die Neblig-Leuchtende!
Ich bin Shekinah, Göttin von Binah,
ich bin die Quelle des Lebens!

Evohe!"

e)   Abschluß der vier Invokationen

Kurze Pause, in der der Magier die Kräfte in dem Tempel und in sich selber spürt.

Er spricht:
„Das Chesed-Ritual kann beginnen."

88

- Der Adeptus Major -

4. Das Betreten des Vorraumes

Der Magier steht vor der Türe zum Vorraum des Tempels. Er trägt ein einfaches Gewand oder – wenn es seinem Stil besser entspricht – das Gewand des Adeptus Major.
Er öffnet diese Türe.

„Ich bin der Adeptus Major XXX, ich bin einen langen Weg gegangen – von Malkuth über die Schwelle nach Yesod, Hod und Netzach und weiter über den Graben nach Tiphareth und Geburah. Ich bin nun bereit, noch weiter zu gehen.
Ich bin schon acht Schritte gegangen:

> *- Ich habe vor den Toren des Tempels als Neophyt gelernt, Entschlüsse zu fassen.*
> *- Ich habe in Malkuth als Zelator die Qualität der Erde erworben und gelernt, Dinge zu unterscheidenden. Dort ist mir mein Leib bewußt geworden.*
> *- Ich habe in Yesod als Theoricus die Qualität des Mondes erworben und gelernt, die Lebenskraft zu sehen und zu lenken und die Kundalini in mir zu erwecken. Dort ist mir mein Wurzelchakra bewußt geworden.*
> *- Ich habe in Hod als Praktikus die Qualität des Merkur erworben und gelernt, Dinge klar zu sehen und ihre Strukturen und Dynamiken zu erkennen. Dort ist mir mein Hara bewußt geworden.*
> *- Ich habe in Netzach als Philosophus die Qualität der Venus erworben und gelernt, die in allem wirkenden Kräfte zu spüren, zu fühlen und ihr Wesen zu erfassen. Dort ist mir mein Sonnengeflecht bewußt geworden.*
> *- Ich habe am Graben als Anwärter auf den inneren Orden im Portal-Grad die Fähigkeit des Übergangs von der Psyche zu der Seele erworben und gelernt, die Strahlen der Sonne von der Sonne selber zu unterscheiden – meine Gefühle und meine Mitte als zwei verschiedene, aber nicht getrennte Dinge zu erfassen. Dort sind mir mein Wunschbaum und mein Thmyuschakra bewußt geworden.*
> *- Ich habe in Tiphareth als Adeptus Minor die Qualität der Sonne erworben und gelernt, meine Seele zu sehen und mit meiner Seele zu sprechen und ihre Absicht für dieses Leben als die Dynamik meines Krafttieres und als die Haltung meiner Kraftpflanze und als die Struktur meines Kraftsteines zu erleben. Dort ist mir mein Herzchakra bewußt geworden.*

- Ich habe in Geburah als Adeptus Major die Qualität des Mars erworben und gelernt zu handeln und ich habe gesehen, wie die Erfahrungen meines Lebens sich in meine Seele hinein auflösen und wie aus meiner Seele der Impuls zu einem neuen Leben hervorkeimt. Dort ist mir mein Halschakra bewußt geworden.

- Ich will nun in Chesed als Adeptus Exemptus die Qualität des Jupiters erwerben und lernen, die Gesamtheit meiner Seele zu erfassen und ihr heraus zu leben. Ich will mir nun meines Dritten Auges bewußt werden und es öffnen.

Ich bin nun Du bereit, alles zu sehen. Und das ist wörtlich gemeint: alles. Alles in mir und alles in der äußeren Welt und alles in der inneren Welt.

Ich bin bereit, meine Augen zu öffnen.

Ich bin bereit, die Verantwortung für mein Leben vollständig zu ergreifen und in meine Hand zu nehmen.

Ich gehe jetzt als erstes den Pfad des Schicksalsrades von Netzach über den Graben nach Chesed; dann gehe ich als zweites den Pfad des Einsiedlers von Tiphareth nach Chesed; und dann gehe ich als drittes den Pfad der Stärke von Geburah nach Chesed.

Ich betrete nun den Vorraum des Tempels. "

- Die drei Pfade -

Im Vorraum des Tempels sind die drei Pfade markiert worden. Dies können drei lange, schmale Teppiche oder eine Markierung auf dem Fußboden oder ähnliches sein. Alle drei Pfade führen zu dem Tor in den Tempel.

Auf den Pfaden bzw. neben den Pfaden steht auf einem Ständer oder auf einem kleinen Altar ein Bild des Lebensbaumes, auf dem der betreffende Pfad markiert ist, und die zu dem Pfad gehörige Tarotkarte sowie jeweils zwei verschiedenfarbige Kerzen: Netzach-Chesed – grün und blau; Tiphareth-Chesed – gelb und blau; Geburah-Chesed: rot und blau.

5.   Von Netzach nach Chesed

„Ich stehe am Anfang des 21. Pfades auf dem kabbalistischen Lebensbaum. Er ist ein gerader Aufstieg auf der Säule des Feuers."

Der Magier macht die Geste des Öffnens des Schleiers und betritt den Pfad.

„Dieser Pfad führt von Netzach nach Chesed. Ich verlasse nun den Bereich der Gefühle und nähere mich dem Bereich der Absichten."

Der Magier geht einen Schritt.

„Auf diesem Pfad kann ich die Weisheit des Lebensrades finden. Die Gefühle glühen im Augenblick auf und sind wandelbar wie jeder Punkt auf der Felge. Aber sie geben mir Orientierung wie die Speichen, die von der Felge zur Achse führen. Ich will sehen, was sich in dieser Achse befindet.

Meine Gefühle ermöglichen mir, meine Seele als den Ursprung meiner Gefühle zu erkennen. Meine Gefühle zeigen mir meinen Weg – sie kommen als schöpferische Impulse aus meinem Innen und sie bewerten das Außen. Daher sind sie so beweglich und veränderlich – sie leben im Hier und jetzt, sie existieren nur im Augenblick.

Und nun nähere ich mich den Werten, den Absichten und den Zielen, an denen sich meine Gefühle orientieren, zu deren Verwirklichung und Erleben mich meine Gefühle lenken.

Ich gehe nun von dem Bach zur Quelle."

Der Magier geht einen Schritt.

„Dieser Pfad führt von der grünen Venus zum blauen Jupiter.

Ich gehe einen Schritt und entzünde die grüne Kerze der Venus und die blaue Kerze des Jupiters auf dem Altar mit der Tarotkarte 'Lebensrad'. "

Der Magier tut dies.

„Auf diesem Pfad fließt die Lebenskraft vom Sonnengeflecht hinauf zum Dritten Auge und von dort wieder hinab zu dem Sonnengeflecht.

Hier verbinde ich mein Körpergefühl mit meiner Orientierung in der Welt, hier ordne ich meine Silberschnüre, die mich im Bereich der Lebenskraft mit anderen Menschen verbinden, meinen Zielen unter. "

Der Magier geht einen Schritt.

„Auf diesem Pfad reicht der Erzengel Haniel meine Hand an den Erzengel Tzadkiel weiter.

Sie zeigen mir gemeinsam die Wurzel meiner Gefühle. "

Der Magier geht einen Schritt.

„Die Weisheit aus dem Sepher Yezirah zu diesem Pfad lautet:

Der einundzwanzigste Pfad heißt 'Intelligenz der Unterstützung und Belohnung' und wird so genannt, weil er den göttlichen Einfluß empfängt und durch seinen Segen auf alle Existenzen wirkt.

Dieser Pfad kann mir zeigen, wie sich meine Gefühle und Motivationen aus den Absichten und Strukturen meiner Seele ergeben.

Weil ich das erkennen und erleben will, gehe ich zum Ende des 21. Pfades und mache die Geste des Öffnens des Schleiers. "

Der Magier tut dies.

„Ich gehe nun zum Anfang des 20. Pfades. "

6. Von Tiphareth nach Chesed

„Ich stehe am Anfang des 20. Pfades auf dem kabbalistischen Lebensbaum. Er ist ein schräger Aufstieg von der Mittleren Säule zu der Säule des Feuers."

Der Magier macht die Geste des Öffnens des Schleiers und betritt den Pfad.

„Dieser Pfad führt von Tiphareth nach Chesed. Ich verlasse nun den Bereich der Absichten für diese Inkarnation und nähere mich dem Bereich des umfassenden Plans."

Der Magier geht einen Schritt.

Schlangen-Priester: *„Auf diesem Pfad kann ich die Weisheit des Einsiedlers finden.*
Die Seele ist auf meine derzeitige Inkarnation ausgerichtet. Sie will das, was sie für dieses Leben beschlossen hat, mit aller Intensität erleben.
Das, was sie für ihre derzeitige Inkarnation beschlossen hat, was sie für mein Leben beschlossen hat, reicht weit in die Vergangenheit zurück zu alten Wunden, zu alten Leidensgeschichten, aber auch zu alten Freundschaften und zu altem Wissen. Ich will das alles in der Stille des Einsiedlers sehen.
Das, was sie für ihre derzeitige Inkarnation beschlossen hat, was sie für mein Leben beschlossen hat, reicht aber auch weit in die Zukunft hinein zur Auflösung alter Fesseln, zum Öffnen von rostigen Kerkertoren, aber auch zu neuen Zielen, zu neuen Schöpfungen. Ich will das alles in der Stille des Einsiedlers sehen.
Ich nähere mich dem Ort, wo dies alles sichtbar werden kann, wenn ich bereit dafür bin. Ich nähere mich dem Glasberg, dem Kristallschloß, dem Palast der Winde.
Ich gehe nun von dem Teich zur Quelle."

Der Magier geht einen Schritt.

„Dieser Pfad führt von der goldenen Sonne zum blauen Jupiter.
Ich gehe einen Schritt und entzünde die gelbe Kerze der Sonne und die blaue Kerze des Jupiters auf dem Altar mit der Tarotkarte 'Einsiedler'."

Der Magier tut dies.

„Auf diesem Pfad fließt die Lebenskraft vom Herzchakra hinauf zum Dritten Auge und von dort wieder hinab zu dem Herzchakra.
Hier verbinde ich meine eigene Mitte mit meiner Orientierung in der Welt, hier

nutze ich die Möglichkeiten in der Welt, um das, was ich im Herzchakra als Same bin, zu einer konkreten Pflanze werden zu lassen."

Der Magier geht einen Schritt.

„Auf diesem Pfad reicht der Erzengel Raphael meine Hand an den Erzengel Tzadkiel weiter.
Sie zeigen mir gemeinsam den Grund für meine Geburt, für mein Horoskop, für meine Eltern, für meine Kultur."

Der Magier geht einen Schritt.

„Die Weisheit aus dem Sepher Yezirah zu diesem Pfad lautet:

Der zwanzigste Pfad heißt 'Intelligenz des Willens' und wird so genannt, weil er das Mittel ist, durch das alle Kreaturen und jede einzelne von ihnen im Besonderen für die Darstellung der uranfänglichen Weisheit vorbereitet werden.

Dieser Pfad kann mir zeigen, wie sich meine derzeitige Inkarnation aus den Absichten und Strukturen meiner Seele ergeben.
Weil ich das erkennen und erleben will, gehe ich zum Ende des 20. Pfades und mache die Geste des Öffnens des Schleiers."

Der Magier tut dies.

„Ich gehe nun zum Anfang des 19. Pfades."

7. Von Geburah nach Chesed

„Ich stehe am Anfang des 19. Pfades auf dem kabbalistischen Lebensbaum. Er ist ein waagerechter Weg von der Säule des Wassers zu der Säule des Feuers."

Der Magier macht die Geste des Öffnens des Schleiers und betritt den Pfad.

„Dieser Pfad führt von Geburah nach Chesed. Ich verlasse nun den Bereich des Ringens um Entscheidungen und nähere mich dem Bereich der Ziele."

Der Magier geht einen Schritt.

„Auf diesem Pfad kann ich die Weisheit der Stärke finden.
Die Kraft erschafft alle Dinge – die Weisheit lenkt die Kraft, damit sie Sinnvolles erschafft und zu Glück statt zu Leid führt. Erst die Ziele lassen die Handlungen schöpferisch werden. Ich will den wilden Löwen in mir bändigen – durch Weisheit statt durch Strenge.
Die Kraft erhält das Erschaffene – bis einst eine stärkere Kraft kommt und das Alte auflöst und verwandelt. Die wahre Kraft fürchtet nicht ihren Tod. Erst der wird zum Krieger, der seinen Zielen treu ist und den Tod nicht fürchtet. Ich will den wilden Löwen in mir bändigen – durch Freundlichkeit statt durch Härte.
Nun nähere ich mich in meiner Seele dem, was den Handlungen meiner Seele die Richtung gegeben hat, das Ziel, den Wunsch. An diesem Ort finde ich den Grund für das Toben des Wassers im Sturm, an der Klippe, in der Flut.
Ich gehe nun von dem Wasserfall zur Quelle."

Der Magier geht einen Schritt.

„Dieser Pfad führt vom roten Mars zum blauen Jupiter.
Ich gehe einen Schritt und entzünde die rote Kerze des Mars und die blaue Kerze des Jupiters auf dem Altar mit der Tarotkarte 'Stärke'."

Der Magier tut dies.

„Auf diesem Pfad fließt die Lebenskraft vom Halschakra hinauf zum Dritten Auge und von dort wieder hinab zu dem Halschakra.
Hier konkretisiere ich meine Selbstausdrucks-Impulse, die ich der Welt zeige, zu konkreten Selbstausdrucks-Pläne, die ich in der Welt verwirkliche."

Der Magier geht einen Schritt.

„Auf diesem Pfad reicht der Erzengel Samael Deine Hand an den Erzengel Tzadkiel weiter.

Sie zeigen mir gemeinsam, wie sich meine innersten Ziele Leben für Leben zu Inkarnationen konkretisieren und sich so entfalten."

Der Magier geht einen Schritt.

„Die Weisheit aus dem Sepher Yezirah zu diesem Pfad lautet:

Der neunzehnte Pfad heißt 'Intelligenz des Geheimnisses aller Tätigkeiten der geistigen Wesen' und wird so genannt wegen des Einflusses, der von ihm ausgeht und den er von dem allerhöchsten und feinsten Strahlen erhält.

Dieser Pfad kann mir zeigen, welche Motivationen und Kräfte vor meiner derzeitigen Inkarnation am stärksten gewesen sind und wie sie mein derzeitiges Leben prägen.

Weil ich das erkennen und erleben will, gehe ich zum Ende des 21. Pfades und mache die Geste des Öffnens des Schleiers."

Der Magier tut dies.

- Chesed -

Der Magier steht am Tor zum Tempel.

8. Das Große Weiße Haus

Der Tempel ist weitgehend in blau gehalten.

Kurz vor der Ostseite des Tempels stehen die beiden Säulen des Feuers (Süden) und des Wassers (Norden). Zwischen ihnen steht ganz im Osten vor der Tempelwand ein weiß-goldener Altar, der den Weg zu Kether symbolisiert.

In Westen, Norden und Süden steht jeweils ein kleiner Altar mit einer Kerze an der Tempelwand.

In der Mitte des Tempels, also zwischen dem Eingang und den beiden Säulen, steht ein Kreis aus 12 Säulen oder aus 12 Menhiren oder aus 12 Stäben oder aus 12 Totempfählen oder aus 12 Grabsteinen oder aus 12 Statuen oder ähnlichem. In der Mitte dieses Kreises befindet sich auf dem Fußboden eine weiße Kreisfläche (evtl. ein runder weißer Teppich).

Der Magier öffnet die Tür zwischen dem Vorraum und stellt sich auf die Schwelle dieser Tür.

„Ich will nun den Chesed-Tempel der Adepti Exempti betreten, um selber ein Adeptus Exemptus zu werden.

Nur Tote dürfen das Große Weißstrahlende Haus betreten.
Nur Seelen erlangen Eintritt in den Turm des Lichtes.
Nur die, die sehen wollen, können in den Tempel von Chesed eintreten.
Ich bin der Wächter am Tor – ich werde sonst niemanden einlassen.

Jeder Lebende wird hier den Grund für seine Inkarnation erfahren.
Jeder, der noch einen Körper hat, wird hier zu sehen beginnen.
Jeder, der noch Ängste hat, wird hier seinen Ängsten begegnen.

Wenn ich dieses Haus betrete,
werde Ich erfahren, wer ich bin.
Wenn ich dieses Haus betrete,
werde ich eine der fast endlos vielen weißstrahlenden Seelen in ihm werden.
Wenn ich dieses Haus betrete,
muß ich anschließend immer meiner Wahrheit folgen.

Ich bin bereit dafür. "

Der Magier tritt über die Schwelle in den Tempel ein.

9. Öffnen des Dritten Auges

- Westen -

„Ich will sehend werden.
Ich öffne meine Augen."

Der Magier entzündet eine Kerze auf dem kleinen Altar im Westen.
Der Magier führt nach Westen hin die Geste des Öffnens des Schleiers durch.

„Ich schau, ahne, sehe, spüre das, was ich im Westen im Reich des Wassers noch nicht gesehen habe."

Der Magier schaut innerlich, was er sieht, und spricht es dann aus.

„Ich heiße es willkommen.
XXX (das, was er gesehen hat)*, ich sehe Dich.*
XXX, Du bist mir willkommen.
XXX, Du bist Teil dieser Welt und Teil von mir.

Ho!"

- Norden -

„Ich will sehend werden.
Ich öffne mein Auge.“

Der Magier entzündet eine Kerze auf dem kleinen Altar im Norden.
Der Magier führt nach Norden hin die Geste des Öffnens des Schleiers durch.

„Ich schau, ahne, sehe, spüre das, was ich im Norden im Reich der Erde noch nicht
gesehen habe. Was ist das?“

Der Magier schaut innerlich, was er sieht, und spricht es dann aus.

„Ich heiße es willkommen.
XXX (das, was er gesehen hat), *ich sehe Dich.*
XXX, Du bist mir willkommen.
XXX, Du bist Teil dieser Welt und Teil von mir.

Ho!“

„Ich will sehend werden.
Ich öffne mein Drittes Auge."

Der Magier entzündet eine Kerze auf dem kleinen Altar im Süden.
Der Magier führt nach Süden hin die Geste des Öffnens des Schleiers durch.

„Ich schau, ahne, sehe, spüre das, was ich im Süden im Reich des Feuers noch
nicht gesehen habe."

Der Magier schaut innerlich, was er sieht, und spricht es dann aus.

„Ich heiße es willkommen.
XXX (das, was er gesehen hat)*, ich sehe Dich.*
XXX, Du bist mir willkommen.
XXX, Du bist Teil dieser Welt und Teil von mir.

Ho!"

„Ich will sehend werden.
Ich heiße die Durchsichtigkeit aller Dinge willkommen."

Der Magier entzündet eine Kerze auf dem Altar im Osten.

„Ich schau, ahne, sehe, spüre das, was ich im Osten im Reich der Luft noch nicht gesehen habe."

Der Magier schaut innerlich, was er sieht, und spricht es dann aus.

„Ich heiße es willkommen.
XXX (das, was er gesehen hat)*, ich sehe Dich.*
XXX, Du bist mir willkommen.
XXX, Du bist Teil dieser Welt und Teil von mir.

Ho!"

10. Die vorige Inkarnation

Der Magier tritt in den Steinkreises, wo er mit dem Blick nach Westen gewandt zwischen dem Stein (Säule, Stab, Totempfahl, Grabstein o.ä.) im Westen und der weißen Kreisfläche in der Mitte des Steinkreises stellt.

„Ich will meine vorige Inkarnation sehen.

Ich blicke auf den Stein (Stab, Säule o.ä.) *vor mir im Westen.*
Er ist das Tor zu meiner Erinnerung.
Er ist das, was ich gewesen bin.
Er enthält mein voriges Leben.
Ich mache die Geste des Öffnens des Schleiers –
dann wird sich das Tor öffnen,
dann wird sich mir mein voriges Leben zeigen,
dann wird die Zeit für mich durchsichtig werden.
Ich öffne nun den Schleier.“

Der Magier macht die Geste des Öffnens des Schleiers.
Der Magier beschreibt, was er sieht.
Dabei läßt sich der Magier so viel Zeit, wie er dafür braucht.

„Ich will noch weiter gehen.
Ich reiche dem, was ich gesehen habe, meine Hand, und heiße es in meinem Leben willkommen.“

11. Der Kreis der eigenen Inkarnationen

„Ich gehe zu jedem der Steine in diesem Kreis und führe die Geste des Öffnens des Schleiers durch. Ich heiße alle meine früheren Inkarnationen willkommen. Ich lade sie ein, hierher zu kommen und mir sichtbar zu werden.

Vielleicht sind es 12, vielleicht mehr, vielleicht weniger – die 12 Steine stehen symbolisch für die Gesamtheit meiner Inkarnationen."

Der Magier geht von Westen aus im Uhrzeigersinn im Kreis herum und führt vor jedem Stein die Geste des Öffnens des Schleiers durch.

Der Magier sollte sich dabei Zeit lassen und dabei wie auf einer Traumreise schauen, was er wahrnimmt.

„Ich sehe die weißen Gestalten aus Lebenskraft – meine früheren Inkarnationen. Sie freuen sich, mich zu sehen. Sie sind die Wurzeln meiner Fähigkeiten, meiner Leiden, meiner Talente, meiner Freundschaften – und in jedem Leben füge ich zu all dem etwas hinzu und verwandle Altes und entwickle es weiter.

Ich sehe ihre Gesichter – welche Gefühle tragen sie in sich? All diese Gefühle leben in mir weiter. Ich habe sie in meinen ersten drei Lebensjahren neu in meinem Leben inszeniert.

Ich sehe ihre Gestalten – sie sind alt oder jung, Mann oder Frau, stark oder schwach, haben eine klare Form oder haben verschwommene Umrisse. Sie sind meine Vergangenheit.

Ich spreche mit ihnen."

Hier wird das Ritual mehr zu einer Traumreise als zu einem Ritual.
Der Magier sollte sich soviel Zeit dafür lassen, wie er braucht.

„Ich frage sie, was das Wichtigste ist."

Der Magier fragt innerlich.
Der Magier spricht die Antwort aus.

„Ich will dem den Platz in meinem Leben geben, den es braucht, damit es mein Leben bereichern kann.

Ich knie nieder und lege meine rechte Hand auf die Erde als Zeichen, daß ich alles, was ich bin, entfalten und gedeihen lassen werde – ein jegliches in mir im rechten Maß."

12. Das Weiße Licht

„Ich gehe nun in die Mitte des Kreises auf die weiße Fläche."

Der Magier führt die Übung der Mittleren Säule durch und intoniert die fünf Gottesnamen:
„Eheieh ...
Yod-he-Vau-he Elohim ...
Yod-he-Vau-He Eloah va-Da'ath ...
Shaddai el Chai ...
Adonai ha-Aretz.

Ich bin das Licht der Weisheit.
Ich komme von Kether.
Ich bin in dem Lichtsturm von Chokmah geboren worden.
Mein Anfang ist in Kether,
meine Ausdehnung ist endlos,
meine Helligkeit hat keine Grenzen.
Ich bin das Licht des Blitzstrahles der Schöpfung,
das in allem ist und das alles lebendig werden läßt.
Ich bin das Herz der Seele in Chesed.
Ich bin die höchste Form,
die ein abgegrenztes Wesen annehmen kann.
Ich bin das Licht.
Ich bin Dein eigener Schöpfungsimpuls.
Ich bin Deine Essenz.

Der Magier imaginiert während dieser Verse, wie das weiße Licht, daß durch die Übung der Mittleren Säule gerufen worden ist, immer heller und gleißender wird und immer stärker in ihm fließt.

Der Magier führt die Übung der Mittleren Säule ein zweitesmal durch.

Meine früheren Leben stehen hier im Kreis rings um mich.
Sie alle wurden gezeugt und geboren, lebten und starben.
Sie kamen von Chesed und gingen nach Malkuth
uns kehrten reich beladen nach Chesed zurück.
Das Große Weiße Haus ist mein Tempel.
Der Weiße strahlende Turm ist meine Schatzkammer.

Der Steinkreis ist ich als meine Gemeinschaft mit meinen eigenen Inkarnationen.
Der Kreis der Totempfähle sind meine Erlebnisse.
Der Kreis der Stäbe der Schwitzhütte ist meine Heimat.
Der Kreis der Säulen ist der Tempel meiner Leben, den ich erschaffen habe.
Das alles bin ich,
das alles ist in mir
und in dem allen bin ich.
Ich bin der Same und die Knospe und die Frucht.
Ich bin der Baum meiner Seele
und meine Inkarnationen sind die Zweige dieses Baumes.
Ich bin wieder daheim!"

Der Magier führt die Übung der Mittleren Säule ein drittesmal durch.

13. Die Durchsichtigkeit

„ In diesem Tempel wird alles im Raum durchsichtig.
Ich kann nun das Schicksalsbuch öffnen.
In diesem Tempel wird alles im Raum berührbar.
Ich kann nun mit der Kundalini tanzen.
Ich öffne den Schleier für mein Wurzelchakra. “

Der Magier macht die Geste des Öffnens des Schleiers.

„ In diesem Steinkreis wird alles in der Welt sichtbar.
Ich kann nun die Wissenstafeln lesen.
In diesem Steinkreis verlieren alle Dinge ihre Festigkeit.
Ich kann nun auf dem Weltenbaum reisen.
Ich öffne den Schleier für mein Hara. “

Der Magier macht die Geste des Öffnens des Schleiers.

„ In diesem Licht-Turm wird die Zeit durchsichtig.
Ich kann nun in der Akashachronik forschen.
In diesem Licht-Turm kann ich mich mit allen Dingen verbinden.
Ich kann nun die Lebenskraft lenken.
Ich öffne den Schleier für mein Sonnengeflecht. “

Der Magier macht die Geste des Öffnens des Schleiers.

„ In diesem Hügelgrab wird alles Zukünftige sichtbar.
Ich kann nun Allwissenheit erlangen.
In diesem Hügelgrab kann ich die Dinge außerhalb von mir lenken.
Ich kann nun das Licht im Tempel entzünden.
Ich öffne den Schleier für mein Herzchakra. “

Der Magier macht die Geste des Öffnens des Schleiers.

„ In diesem Säulenrund wird mein Leib für mich durchsichtig.
Ich kann nun das Reinkarnationswissen ergreifen.
In diesem Säulenrund können Steine, Bäume und Tiere wie mein Körper werden.
Ich kann nun den Zauberstab ergreifen.
Ich öffne den Schleier für mein Halschakra. “

Der Magier macht die Geste des Öffnens des Schleiers.

„In diesem Kreis aus Totempfählen wird alles Verborgene in mir sichtbar.
Ich kann nun die Erberinnerung in mir erwecken.
In diesem Kreis aus Totempfählen wird mein Handeln zu Selbstausdruck werden.
Ich kann nun den Lebensbaum erforschen.
Ich öffne den Schleier für mein Drittes Auge."

Der Magier macht die Geste des Öffnens des Schleiers.

„In diesem Kreis aus Schwitzhütten-Stäben wird jede Wand in mir durchsichtig.
Ich kann nun durch die Seelenbibliothek wissend werden.
In diesem Kreis aus Schwitzhütten-Stäben werde ich zum Magier werden.
Ich kann nun die Götter rufen.
Ich öffne den Schleier für mein Scheitelchakra."

Der Magier macht die Geste des Öffnens des Schleiers.

„In diesem Kreis aus lebenden Statuen wird meine Zukunft für mich sichtbar.
Ich kann nun die Seiten im Buch des Lebens betrachten.
In diesem Kreis aus lebenden Statuen werde ich Wunder ahnen.
Ich kann nun die wahre Inkarnation meiner Seele werden.
Ich öffne den Schleier und sehe meine Seele!"

Der Magier macht die Geste des Öffnens des Schleiers.

14. Das Wissen um die Zukunft

Der Magier steht wie zuvor in dem Kreis im Tempel.

„ Wenn ich meine Augen öffne, kann ich mein zukünftiges Leben sehen.
Wenn ich mein Auge öffne, kann ich den Rest meines Lebens sehen.
Wenn ich mein Drittes Auge öffne, kann ich meinen Tod sehen.

Ich öffne den Schleier und werde es sehen.
Ich öffne das Tor und werde es sehen.
Ich öffne mein Drittes Auge und werde es sehen.

Wenn ich den Sinn meines Lebens erkennen will,
*   dann blicke ich auf meine Seele.*
Wenn ich den Sinn meines Lebens erkennen will,
*   dann blicke ich auf die Absicht meiner Seele für ihre derzeitige Inkarnation.*
Wenn ich den Sinn meines Lebens erkennen will,
*   dann blicke ich auf das, was meine Seele für dieses Leben beschlossen hat.*

Die Menschen sind unwissend, bevor sie Chesed erreichen
*   und glauben, daß sie frei sind und alles entscheiden.*
Die Menschen werden wissend, wenn sie Chesed erreichen,
*   denn sie sehen, was ihre Seele beschlossen hat.*
Die Menschen werden frei, wenn sie Chesed erreichen,
*   denn sie werden eins mit ihre Seele, die dieses Leben gestaltet hat.*

Die Wurzel meiner Freiheit liegt nicht in mir,
*   sondern in meiner Seele in Chesed.*
Die Wurzel der Freiheit liegt nicht in meiner Seele,
*   sondern in meiner Schutzgottheit in Da'ath.*
Die Wurzel der Freiheit liegt nicht in meiner Schutzgottheit,
*   sondern in Gott in Kether.*

Die Freiheit fließt von Gott zu meiner Schutzgottheit,
von meiner Schutzgottheit zu meiner Seele,
von meiner Seele in meine Psyche,
von meiner Psyche in meinen Leib –
und dort wird sie, wenn ich sie ergreife, zu Magie.

Ich stehe in der Mitte von Chesed. Das ist meine Seele.

Um mich her stehen meine Inkarnationen in einem Kreis. Das ist die Reise meiner Seele.

Um diesen Kreis herum stehen all die Seelen, die ebenfalls Kinder meiner Schutzgottheit sind. Das ist meine Gemeinschaft.

Ich will alles sehen und alles gestalten. Daher öffne ich noch einmal den Schleier und rufe noch einmal das Licht durch die Mittlere Säule."

Der Magier macht die Geste des Öffnens des Schleiers und führt dann die Übung der Mittleren Säule durch.

- Die vier oberen Sephiroth -

Die Magier steht wie zuvor in der weißen Kreisfläche stehen und blickt nach Osten.

15. Da'ath

„Die Welt wird durchsichtig, wenn ich in Chesed angekommen bin. Ich blicke nun nach Osten auf die vier oberen Sephiroth des Lebensbaumes."

Der Magier schaut innerlich von Chesed aus auf die vier obersten Sephiroth.

„In Da'ath beginnt der abgrenzungslose Bereich – der Bereich der grenzenlosen Qualitäten. Hier beginnt das Kontinuum. Die Durchsichtigkeit von Chesed ist der letzte Schritt vor dem Betreten des Bereiches jenseits des Abgrundes. Erst wenn ich alles gesehen habe, kann ich furchtlos das feste Land verlassen und dorthin gehen, wo Form und Leere dasselbe sind."

Der Magier schaut innerlich von Chesed aus auf Da'ath.

„Malkuth ist das Reich des Leibes; Yesod, Hod und Netzach sind das Reich der Psyche; Tiphareth, Geburah und Chesed sind das Reich der Seele; und oberhalb von Chesed beginnt das Reich der Götter. In Da'ath werde ich den Göttern begegnen, in Da'ath betrete ich das Reich der Mythen, in Da'ath handeln die Göttern gemeinsam miteinander."

Der Magier schaut innerlich von Chesed aus auf Da'ath.

Der Magier öffnet seine Arme in der Haltung der Man-Rune und empfängt einen Segen von Da'ath.

16. Binah

„In Binah ist die Gemeinschaft aller Wesen. Dort ist die Heimat der Götter. Dort ist alles miteinander verbunden."

Der Magier schaut innerlich von Chesed aus auf Binah.

„In Chesed ist alles, was ich bin. In Chesed kann ich, wenn ich meinen Blick weite, alle Seelen sehen, die die Kinder der Schutzgottheit, von der auch meine Seele ein Kind ist.

In Binah erkennen sich alle und alles als eine Familie – die Familie aller Familie, die Lebens-Sippen. Dort kann ich die Ordnung aller Wesen finden – und in ihrer Mitte ihren Schöpfungsimpuls sehen, der von Chokmah als Lichtstrahl in der Mitte des Kreises der Lebewesen gelangt – so wie dieser Lichtstrahl von Chokmah auch nach Chesed in die Mitte meiner Inkarnationen gelangt."

Der Magier schaut innerlich von Chesed aus auf Binah.

„Binah ist die Mutter. Binah ist das obere Ende der Säule des Wassers. Binah ist Gemeinschaft. Binah ist die Muttergöttin. Binah ist die Weiße Büffelfrau. Binah ist Isis. Binah ist Freya. Binah ist Ama und Aima. Binah ist Maria. Binah ist Hera. Binah ist Inanna. Binah ist Astarte."

Der Magier schaut innerlich von Chesed aus auf Binah.

Der Magier öffnet seine Arme in der Haltung der Man-Rune und empfängt einen Segen von Binah.

17. Chokmah

„Die Wurzel aller Götter liegt in Chokmah. Dort ist ihr innerster Impuls. Dort dehnen sie sich ungehindert aus. Dort sind sie Lichtstrahlen, ein leuchtender Wind ein Lichtsturm."

Der Magier schaut innerlich von Chesed aus auf Chokmah.

„Dort ist Ernst und Einsgerichtetheit und Eindeutigkeit und Humor angesichts der Unvollkommenheit aller Schöpfung, die auf Chokmah folgt."

Der Magier schaut innerlich von Chesed aus auf Chokmah.

„Der Lichtstrahl, der die Wurzel meiner Schutzgottheit ist, deren Kind meine Seele ist, kommt von Chokmah nach Chesed und erschafft dort meine Seele, die ich in dem Großen Weißen Haus gesehen habe."

Der Magier schaut innerlich von Chesed aus auf Chokmah.

Der Magier öffnet seine Arme in der Haltung der Man-Rune und empfängt einen Segen von Chokmah.

18. Kether

„Ich sehe das gleißend-weiße Licht.
Es zieht mich dorthin."

Der Magier schaut innerlich von Chesed aus auf Kether.

„Ich sehe das, was ungeteilt und in allem ist.
Es zieht mich dorthin."

Der Magier schaut innerlich von Chesed aus auf Kether.

„Ich sehe das Eine-Alles-Einzige.
Es zieht mich dorthin."

Der Magier schaut innerlich von Chesed aus auf Kether.

Der Magier öffnet seine Arme in der Haltung der Man-Rune und empfängt einen Segen von Kether.

- Eigenständigkeit -

19.   zum Mitschöpfer werden

„Ich bin als Adeptus Major in diesen Tempel gekommen und ich bin hier zum Adeptus Exemptus geworden.

Zuvor war ich ein Geschöpf, das seine Wurzeln gesucht hat – nun bin ich ein Mitschöpfer, der seinen Kern gefunden hat.

Ich bin mir meiner selber bewußt geworden – nun kann ich aus meiner Seele heraus leben.

Ich bin nun in der Durchsichtigkeit angelangt – dem letzten Bereich vor dem Abgrund, der zu dem abgrenzungslosen Bereich der Götter führt.

Ich werde das üben, was ich gesehen habe, was ich zum Teil nur geahnt habe. Ich öffne nun den Schleier und rufe noch einmal das Licht in mich herab.

Ich öffne meine Augen. Ich öffne mein Auge. Ich öffne mein Dritte Auge. "

Der Magier macht noch einmal die Geste des Öffnens des Schleiers und führt die Übung der Mittleren Säule durch.

- Schließen des Tempels -

20.   Das Schließen des Tempels

Der Magier dankt der Schlange der Weisheit, dem Blitzstrahl der Schöpfung, Yod-He-Vau-He Elohim (Gottesname in Binah) und Jah (Gottesname in Chokmah).

Der Magier führt das Kleine Pentagramm-Ritual durch.

Bücher von Harry Eilenstein

- The Synthesis of Physics and Magic (192 p.)
- Telepathy for Beginners (60 p.)
- Telepathy for Advanced Learners (52 p.)
- Telekinesis for Beginners (56 p.)
- Life Force for Beginners (76 p.)
- Kundalini for Beginners (104 p.)
- Astral Projection for Beginners (60 p.)
- Meditation for Beginners (60 p.)
- Prophecy for Beginners (60 p.)
- Ritual Magic for Beginners (64 p.)
- Magic Chant for Beginners (108 p.)
- Invocations for Beginners (52 p.)
- Evocations for Beginners (62 p.)
- Auto-Movement for Beginners (60 p.)
- Elves for Beginners (56 p.)
- Hypnosis for Beginners (56 p.)
- Love Magic for Beginners (52 p.)

- Money Magic for Beginners (60 p.)
- Magic Objects for Beginners (64 p.)
- Shamanism for Beginners (52 p.)
- Chakra-Magic for Beginners (148 p.)
- Language of the Moon – for Beginners (128 p.)
- Self Knowledge for Beginners (60 p.)
- Da'ath-Magic for Beginners (64 p.)
- Astrology for Beginners (112 p.)
- Number Symbolism for Beginners (64 p.)
- Mandalas for Beginners (76 p.)
- Crop Circles for Beginners (344 p.)
- Feng Shui for Beginners (96 p.)
- Magic Research for Beginners (140 p.)

- Magic for Beginners – Anthology I (636 p.)
- Magic for Beginners – Anthology II (616 p.)
- Magic for Beginners – Anthology III (684 p.)
- Magic for Beginners – Anthology IV (580 p.)

Religion allgemein
- Die sieben Schritte des Lebens (428 S.)
- Muttergöttin und Schamanen (168 S.)
- Totempfähle (440 S.)
- Der Urriese (168 S.)

Jungsteinzeit
- Göbekli Tepe (472 S.)
- Die Göttin von Göbekli Tepe (144 S.)

Ägypten
- Hathor und Re 1: Götter und Mythen im Alten Ägypten (432 S.)
- Hathor und Re 2: Die altägyptische Religion – Ursprünge, Kult und Magie (396 S.)
- Isis (508 S.)
- Ma'at (200 S.)

Christentum
- Christus (60 S.)
- Die Biographie des Teufels (144 S.)

Indogermanen
- Die Entwicklung der indogermanischen Religionen (700 S.)
- Wurzeln und Zweige der indogermanischen Religion (224 S.)

Griechen
- Pan (336 S.)
- Poseidon (668 S.)

Inder
- Dakini (80 S.)
- Vajra (76 S.)

Germanen
- Die Götter der Germanen (87 Bände – siehe nächste Seite)
- Odin (300 S.)

Kelten
- Cernunnos (690 S.)
- Taliesin (228 S.)
- Der Kessel von Gundestrup (220 S.)
- Der Chiemsee-Kessel (76)

Psychologie
- Über die Freude (100 S.)
- Das Geheimnis des inneren Friedens (252 S.)
- Das Beziehungsmandala (52 S.)
- Gefühle und ihre Verwandlungen (404 S.)
- einsgerichtet (140 S.)
- Liebe und Eigenständigkeit (216 S.)
- Von innerer Fülle zu äußerem Gedeihen (52 S.)

Heilung
- Die Symbolik der Krankheiten (76 S.)

Kunst
- Herz des Tanzes – Tanz des Herzens (160 S.)
- Die Wurzeln der Kunst (60 S.)
- Wege zur Musik-Improvisation (32 S.)

Drama
- König Athelstan (104 S.)

„Magie für Anfänger"

- Telepathie für Anfänger (60 S.)
- Telepathie für Fortgeschrittene (52 S.)
- Telekinese für Anfänger (52 S.)
- Analogien für Anfänger (56 S.)
- Omen und Orakel für Anfänger (52 S.)
- Lebenskraft für Anfänger (60 S.)
- Meditation für Anfänger (56 S.)
- Kundalini für Anfänger (100 S.)
- Hypnose für Anfänger (56 S.)
- Auto-Movement für Anfänger (56 S.)
- Chakra-Magie für Anfänger (148 S.)
- Astralreisen für Anfänger (56 S.)
- Astrologie für Anfänger (120 S.)
- Silberschnüre für Anfänger (52 S.)
- Zaubersprüche für Anfänger (60 S.)
- Ritual-Magie für Anfänger (56 S.)
- Mandalas für Anfänger (68 S.)
- Geldzauber für Anfänger (56 S.)
- Liebeszauber für Anfänger (52 S.)
- Invokationen für Anfänger (52 S.)
- Evokationen für Anfänger (60 S.)
- Geister für Anfänger (52 S.)
- Elfen für Anfänger (56 S.)
- Magie-Forschung für Anfänger (140 S.)
- Magie-Romantik für Anfänger (60 S.)
- Selbsterkenntnis für Anfänger (52 S.)
- Einweihungen für Anfänger (60 S.)
- Drogen-Kabbala für Anfänger (216 S.)
- Zahlensymbolik für Anfänger (60 S.)
- Die Sprache des Mondes – für Anfänger (116 S.)
- Zaubergesänge für Anfänger (100 S.)
- Zukunftschau für Anfänger (60 S.)
- Schamanismus für Anfänger (52 S.)
- Schwitzhütten für Anfänger (52 S.)
- Magische Gegenstände für Anfänger (68 S.)
- Übertragungen für Anfänger (68 S.)
- Zaubertränke für Anfänger (64 S.)
- Magie-Gesten für Anfänger (252 S.)
- Da'ath-Magie für Anfänger (64 S.)
- Kornkreise für Anfänger (348 S.)
- Feng Shui für Anfänger (96 S.)
- Tao für Anfänger (112 S.)
- Magie für Anfänger – Sammelband   I (696 S.)
- Magie für Anfänger – Sammelband II (664 S.)
- Magie für Anfänger – Sammelband III (580 S.)
- Magie für Anfänger – Sammelband IV (700 S.)
- Magie für Anfänger – Sammelband V (676 S.)

„Traumreisen"

- Traumreisen zu Heilpflanzen (700 S.)

Magie

- Handbuch für Zauberlehrlinge (408 S.)
- Wie man das Pentagramm-Ritual zum Leben erweckt (308 S.)
- Tarot (104 S.)
- Physik und Magie (184 S.)
- Die Synthese von Physik und Magie (200S.)
- Die Magie-Formel (156 S.)
- Schwarze Löcher in der Magie (56 S.)
- Krafttiere – Tiergöttinnen – Tiertänze (112 S.)
- Schwitzhütten (524 S.)
- Mythen und Magie der Harfe (116 S.)
- Drei Adeptus Major Rituale (192 S.)
- Drei Adeptus Exemptus Rituale (120 S.)
- Zwei Infans Abyssi Rituale (128 S.)
- Die Magie der Propheten Elias und Elisa (96 S.)

Meditation

- Der Lebenskraftkörper (230 S.)
- Die Chakren (100 S.)
- Das Chakren-System mit den Nebenchakren (296 S.)
- Organe und Chakren (64 S.)
- Die platonischen Körper in den Chakren (156 S.)
- Meditation (140 S.)
- Drachenfeuer (124 S.)
- Kundalini I (676 S.)
- Kundalini II (672 S.)
- Reinkarnation (156 S.)
- eingerichtet (140 S.)

Astrologie

- Astrologie (496 S.)
- Photo-Astrologie (428 S.)
- Die astrologischen Aspekte (88 S.)
- Horoskop und Seele (120 S.)

Kabbala

- Kursus der praktischen Kabbala (150 S.)
- Eltern der Erde (450 S.)
- Blüten des Lebensbaumes:
  - Die Struktur des kabbalistischen Lebensbaumes (370 S.)
  - Der kabbalistische Lebensbaum als Forschungshilfsmittel (580 S.)
  - Der kabbalistische Lebensbaum als spirituelle Landkarte (520 S.)

Eilenstein, Frater V.D., Knecht, Büdenbender

- Magie heute – Berichte aus der Praxis (288 S.)
- Living Magic (261 p.)

Büdenbender, Eilenstein

- Chaos, Alk und Magic (436 S.)

Die Themen der 87 Bände der Reihe „Die Götter der Germanen"

1. Die Entwicklung der germanischen Religion
2. Lexikon der germanischen Religion
3. Der ursprüngliche Göttervater Tyr
4. Tyr in der Unterwelt: der Schmied Wieland
5. Tyr in der Unterwelt: der Riesenkönig   Teil 1
6. Tyr in der Unterwelt: der Riesenkönig   Teil 2
7. Tyr in der Unterwelt: der Zwergenkönig
8. Der Himmelswächter Heimdall
9. Der Sommergott Baldur
10. Der Meeresgott: Ägir, Hler und Njörd
11. Der Eibengott Ullr
12. Die Zwillingsgötter Alcis
13. Der neue Göttervater Odin   Teil 1
14. Der neue Göttervater Odin   Teil 2
15. Der Fruchtbarkeitsgott Freyr
16. Der Chaos-Gott Loki
17. Der Donnergott Thor
18. Der Priestergott Hönir
19. Die Göttersöhne
20. Die unbekannteren Götter
21. Die Göttermutter Frigg
22. Die Liebesgöttin: Freya und Menglöd
23. Die Erdgöttinnen
24. Die Korngöttin Sif
25. Die Apfel-Göttin Idun
26. Die Hügelgrab-Jenseitsgöttin Hel
27. Die Meeres-Jenseitsgöttin Ran
28. Die unbekannteren Jenseitsgöttinnen
29. Die unbekannteren Göttinnen
30. Die Nornen
31. Die Walküren
32. Die Zwerge
33. Der Urriese Ymir
34. Die Riesen
35. Die Riesinnen
36. Mythologische Wesen
37. Mythologische Priester und Priesterinnen
38. Sigurd/Siegfried
39. Helden und Göttersöhne
40. Die Symbolik der Vögel und Insekten
41. Die Symbolik der Schlangen, Drachen und Ungeheuer
42.a Die Symbolik der Herdentiere I
42.b Die Symbolik der Herdentiere II
43. Die Symbolik der Raubtiere
44. Die Symbolik der Wassertiere und sonstigen Tiere
45. Die Symbolik der Pflanzen
46. Die Symbolik der Farben
47. Die Symbolik der Zahlen
48. Die Symbolik von Sonne, Mond und Sternen
49.a Das Jenseits I – Das Hügelgrab
49.b Das Jenseits II – Der Jenseitsweg
50. Seelenvogel, Utiseta und Einweihung
51. Wiederzeugung und Wiedergeburt
52. Elemente der Kosmologie
53. Der Weltenbaum
54. Die Symbolik der Himmelsrichtungen und der Jahreszeiten
55.a Mythologische Motive I
55.b Mythologische Motive II
56. Der Tempel
57. Die Einrichtung des Tempels
58. Priesterin – Seherin – Zauberin – Hexe
59. Priester – Seher – Zauberer
60. Rituelle Kleidung und Schmuck
61. Skalden und Skaldinnen
62 Kriegerinnen und Ekstase-Krieger
63. Die Symbolik der Körperteile
64.a Magie und Ritual I
64.b Magie und Ritual II
64.c Magie und Ritual III
65. Gestaltwandlungen
66.a Magische Angriffs-Waffen
66.b Magische Verteidigungs-Waffen
67. Magische Werkzeuge und Gegenstände
68. Zaubersprüche
69. Göttermet
70. Zaubertränke
71. Träume, Omen und Orakel
72. Runen
73. Sozial-religiöse Rituale
74. Weisheiten und Sprichworte
75. Kenningar
76. Rätsel
77. Die vollständige Edda des Snorri Sturluson
78. Frühe Skaldenlieder
79.a Mythologische Sagas I
79.b Mythologische Sagas II
80. Hymnen an die germanischen Götter

118